Astrotipps
für
Hexen

Maria May

Astrotipps für Hexen

Was die Sterne über dich und deine Zukunft verraten

Die Deutsche Bibliothek - CIP-Einheitsaufnahme
May, Maria:
Astrotipps für Hexen : was die Sterne über dich und
deine Zukunft verraten / Maria May. – Köln : vgs, 2002
ISBN 3-8025-1490-4

© vgs verlagsgesellschaft, Köln 2002
Alle Rechte vorbehalten

Redaktion: Stefanie Koch
Lektorat: Katja Roth
Produktion: Angelika Rekowski
Umschlaggestaltung: Sens, Köln
Coverbild: Mauritius – Die Bildagentur
Satz: so.wie?so!, Köln / Karen Kühne, Köln
Druck: Clausen & Bosse, Leck
Printed in Germany
ISBN 3-8025-1490-4
Besuchen Sie unsere Homepage im www:
www.vgs.de

Astrologie - was ist das eigentlich genau?

Was steckt nun wirklich hinter den Sternzeichen?

Die Sternzeichen und ihre Eigenschaften

Hallo liebe junge Hexe!

Es freut mich sehr zu sehen, dass du dich für die Astrologie interessierst – sie ist nämlich einer der wichtigsten Bestandteile unserer Hexenkunst!

Um die Wirkung der Sterne auf unser Leben zu verstehen, mussten die Hexen des Mittelalters die Astrologie viele Jahre lang studieren – wir modernen Hexen haben es heute zum Glück sehr viel einfacher! Uns hilft zum Beispiel der Computer bzw. ganz spezielle Astrologieprogramme, die man problemlos kaufen kann und die zudem ganz leicht zu bedienen sind. Was wir aber trotzdem genau kennen müssen, sind die Eigenschaften der einzelnen Sternzeichen, ihre Stärken und Schwächen, und welche Zauber besonders wirkungsvoll sind – alles das zeige ich dir in diesem Buch!

Du solltest dir die Zeit nehmen, das Buch sorgfältig und Schritt für Schritt zu lesen. Nur so können deine Zauber ihre ganze Wirkung entfalten und damit erfolgreich sein! Wenn du noch nicht so viel Erfahrung mit dem Zaubern hast, solltest du mein Buch „Zauberpower" lesen, in dem ich dir die Grundlagen, sowie die wichtigsten Werkzeuge und Utensilien der Zauberei zeige.

So – nun will ich dich aber nicht länger vom Lesen und Zaubern abhalten. Ich wünsche dir viel Spaß und natürlich Erfolg bei deiner Arbeit! Wenn du einmal nicht weiter weißt oder Probleme mit einem Zauber hast, kannst du mich wie immer unter der E-Mail-Adresse Maria-may@usa.net erreichen!

Deine Maria May

PS: Vielen lieben Dank an alle Jung-Hexen, die mir in der Vergangenheit so fleißig geschrieben haben! Mit euren Anregungen – besonders aber mit euren Fragen – habt ihr mir sehr geholfen. Nicht zuletzt deshalb habe ich dieses Buch geschrieben.

I

Astrologie-
was ist das eigentlich genau?

(V) iele Menschen verwechseln „Astrologie" mit „Astronomie". Das liegt daran, dass beides mit den Sternen zu tun
hat, die wir am Himmel sehen können. Das sind aber auch
schon alle Gemeinsamkeiten – ein Astronom interessiert sich
bestimmt nicht für Horoskope und umgekehrt finden Astrologen
die mathematischen Berechnungen der Astronomen auch nicht
gerade spannend. Und dennoch: Auch wenn die vielen Wissen-
schaftler, die heute den Weltraum und das Universum erforschen,
das nicht gerne hören – ohne die uralte Astrologie gäbe es auch
keine Astronomie!

Schon unsere Vorfahren konnten in den Sternen lesen!

In Griechenland beschäftigten sich die Menschen bereits vor
3000 Jahren sehr intensiv mit den Sternen und setzten die
Worte für „Stern" und „Lehre", also „Astér" und „Logos", zusammen. Heraus kam „Astrologie": die Lehre von den Sternen.
Auch wenn die antiken Griechen viele wirklich spannende Ent-
deckungen machten, erfunden haben sie die Astrologie trotzdem nicht. Unsere Vorfahren haben sich nämlich schon viel
früher – vor 6000 Jahren – mit den Sternen beschäftigt. Damals
war das Sternenwissen allerdings noch eine sehr geheime Sache, das allein den Druiden und Hexen vorbehalten war. Nur sie
wussten, wie man anhand der Sterne die Jahreszeiten und damit auch Horoskope berechnen konnte.
Zugegeben – für uns heute klingt das nicht mehr besonders
aufregend, damals gab es aber weder Uhren noch Kalender. Also
kannten die Menschen weder Uhrzeiten noch Wochentage oder
Monate, und das machte es recht schwierig zu sagen, wann genau ein Mensch geboren wurde!
Weil die Astrologie schon damals für sehr wichtig und nützlich
gehalten wurde, bauten einige Völker sogar riesige astrologische
Werkzeuge und Anlagen, mit denen sie zum Beispiel die Jahreszeiten bestimmen konnten.

Die bekannteste davon, Stonehenge in England, können wir heute noch fast genau so sehen, wie sie vor rund 5000 Jahren erbaut wurde.

In solchen Anlagen brachten die Druiden und Hexen zum Beispiel auch Ernteopfer dar und führten magische Beschwörungen und verschiedene Zauber durch. Da Astrologie und Magie sehr verwandt miteinander sind, werde ich dir später bestimmte Zauber für jedes Sternzeichen zeigen.

Stimmt das: Was im Horoskop steht, passiert auch genauso?

Nein – das stimmt natürlich nicht! Ein Horoskop kann dir niemals voraussagen, dass du an diesem oder jenem Tag Glück oder Unglück hast! Es wird dir auch nie sagen, dass du irgendwelche Menschen meiden sollst oder an einem bestimmten Tag im Lotto gewinnst. Stattdessen macht ein gutes Horoskop dich eher auf Stimmungen oder Gefühle aufmerksam, die für dein Sternzeichen typisch sind und die du wahrscheinlich durchleben wirst. Es zeigt dir Tendenzen, also Richtungen in deinem Leben, in die du dich bewegen kannst – aber nicht musst!

Das Horoskop selbst sagt also nicht voraus, welche Ereignisse eintreffen werden, sondern es zeigt dir einfach, welche Möglichkeiten du hast.

Was in deinem Leben tatsächlich passiert, liegt immer in deiner Hand!

Liest du also in deinem Horoskop: „Heute lernen Sie Ihren Traummann kennen", dann ist das natürlich Unsinn, und du solltest es ganz schnell wieder vergessen!

Wenn du daran glaubst, dann passiert es auch (fast immer) so!

Vielleicht denkst du jetzt: „Ich habe eine Freundin und in deren Horoskop stand das mit dem Traummann und genau so ist es dann auch passiert!"

Das glaube ich dir aufs Wort!

Dahinter steckt allerdings nicht das Horoskop, das deine Freundin gelesen hat, sondern etwas ganz anderes: der Zufall und ein bisschen Psychologie!

Es könnte zum Beispiel so abgelaufen sein:

Deine Freundin hat vielleicht schon länger keinen Freund mehr und fühlt sich deshalb ziemlich einsam. Weil sie sehr oft darüber nachdenkt, wie schön es wäre, nicht mehr alleine zu sein, ist sie viel schneller bereit, sich zu verlieben, als normalerweise. Und jetzt bekommt sie die Zeitung mit dem Horoskop in die Hand und was liest sie dort? Stimmt: Heute ist also der Tag, an dem sie ganz bestimmt ihren absoluten Traumtypen kennen lernen wird! Auch wenn deine Freundin sonst nicht unbedingt an Horoskope glaubt – etwas so Spannendes und Positives liest sie eben doch ganz gerne! Und weil ihr das Horoskop einfach nicht aus dem Kopf geht, ist sie viel lockerer drauf als sonst, lacht mehr und nimmt auch viel schneller Kontakt zu anderen Menschen auf als sonst.

Das war also die „Psychologie": Deine Freundin hat sich, ganz ohne es zu merken, vom Horoskop beeinflussen lassen. Sie ist wirklich entspannt und vielleicht auch ein wenig neugierig, ob das mit dem Traumtypen klappen wird.

Und jetzt kommt der zweite Teil: der Zufall! Plötzlich steht nämlich der Junge vor ihr, und bevor sie darüber nachdenken kann, hat sie sich schon verliebt!

Wieso das Zufall ist?

Ganz einfach: Der Junge ist ihr ja wirklich zufällig über den Weg gelaufen, sie wusste es vorher nicht. Sie hätte ihn allerdings auch getroffen, wenn sie das Horoskop nicht gelesen hätte! Dann wäre ihr der Junge aber vielleicht gar nicht aufgefallen, weil sie mit etwas anderem beschäftigt gewesen wäre. Oder der Junge hätte sie nicht angesprochen, weil sie keine so positive Ausstrahlung gehabt hätte.

Tatsächlich hat das mit dem Traumtypen also eigentlich nur deshalb funktioniert, weil deine Freundin einfach daran glauben wollte, dass es auch wirklich funktioniert!

Gibt es das wirklich: selbsterfüllende Prophezeiung?

Ja und nein.

Das Beispiel mit dem „Traumtypen" zeigt dir, dass es schon ausreicht, an etwas ganz Bestimmtes einfach zu glauben – und schon kann genau das wirklich eintreten. Mit den Sternen, dem Horoskop oder einer Prophezeiung hat das eigentlich nichts zu tun, aber sehr viel damit, wie ein Mensch sich fühlt und benimmt und wie er deshalb auf andere Menschen wirkt.

Es gibt allerdings auch unangenehme Situationen, in die man durch ein zu wörtlich genommenes Horoskop geraten kann! Ist deine Freundin zum Beispiel sowieso schon sehr ängstlich und vorsichtig und liest sie in ihrem Horoskop: „Vorsicht – diese Woche droht Ihnen große Verletzungsgefahr!", so kann auch dieses Horoskop das Verhalten deiner Freundin beeinflussen! Klar – ein solches Horoskop ist Unsinn! Aber stell dir einfach mal vor, deine ängstliche Freundin hatte vielleicht ohnehin schon einen schlechten Tag und alles Mögliche ist bereits schief gegangen. Besonders guter Stimmung ist sie also nicht, und was sie gelesen hat, macht es noch schlimmer. Sie denkt ziemlich häufig an die angebliche Verletzungsgefahr, und je mehr sie darüber nachdenkt, desto ängstlicher wird sie. Deshalb merkt sie zwei Tage später auch nichts von dem wackligen Lenker an ihrem Fahrrad. An einem Randstein stürzt sie, und was passiert? Stimmt: Sie bricht sich den Arm, bekommt einen Gips und kann

nicht in den Urlaub fahren! Für deine Freundin ist das der klare Beweis, dass Horoskope einfach stimmen, denn schließlich hatte das Horoskop ihr die Verletzung ja vorhergesagt, oder nicht? Ein Psychologe würde den Grund für den Unfall eine „selbsterfüllende Prophezeiung" nennen – also etwas, was man sich so lange selbst einredet, bis es irgendwann wirklich passiert.

Was du unbedingt beachten musst, wenn du ein Horoskop erstellst!

Am Beispiel mit der ängstlichen Freundin kannst du sehen, dass manche Menschen sehr empfindlich auf Horoskope reagieren und sich sehr stark davon beeinflussen lassen.
Wenn du also später selbst ein Horoskop für einen anderen Menschen erstellst, musst du immer daran denken, dass du diesen Menschen mit den Ergebnissen sehr erschrecken kannst.
Lies dir die Ergebnisse genau durch und überlege dir, ob der Mensch, für den du das Horoskop erstellt hast, vielleicht an der einen oder anderen Stelle Angst bekommen könnte.

Schummeln gilt nicht – die Sterne lügen ja schließlich auch nicht!

Du darfst dabei allerdings keinesfalls schummeln! Wenn du einen Satz ein wenig veränderst, damit er besser klingt, ist das o.k. Du darfst jedoch die Bedeutung nicht verändern und niemals etwas in ein Horoskop hineinschreiben, was dort vorher gar nicht stand! Das Gleiche gilt natürlich auch für Dinge, die dir in einem Horoskop nicht gefallen: Wenn du sie einfach löschst, wird das ganze Horoskop sinnlos!

Wieso steht in jeder Zeitung ein anderes Horoskop?

Wenn du dein Horoskop in verschiedenen Zeitungen oder Zeitschriften liest, fällt dir bestimmt sofort auf, dass alle Horoskope völlig unterschiedliche Dinge voraussagen! In dem einen Horoskop wird dir Glück in der Liebe versprochen, das nächste warnt vor einem Misserfolg in der Schule, ein anderes rät dir davon ab, zu viel Geld auszugeben und im letzten liest du, dass du die große Liebe gerade verlierst.

Schon etwas merkwürdig – nicht wahr?

Stimmen nun alle Horoskope oder stimmen sie alle nicht? Oder stimmt von jedem Horoskop nur ein kleines bisschen?

Die Tageshoroskope, die du normalerweise in Zeitungen lesen kannst, sind ziemlich allgemein gehalten und daher nur wenig Aussagekräftig!

Dass sie gar nicht stimmen können, wird bei folgender Überlegung sofort deutlich: Die Zeitung mit dem Horoskop wird am gleichen Tag vielleicht von 100.000 Menschen gelesen. Stell dir vor, nur zehn Prozent von diesen Menschen haben dasselbe Sternzeichen wie du. Das würde also bedeuten, dass das gleiche Horoskop für 10.000 Menschen gilt, obwohl alle diese Menschen ja ganz unterschiedlich sind!

Fast alle dieser so genannten Horoskope stammen übrigens gar nicht von Astrologen, sondern werden mit speziellen Programmen automatisch erstellt. Aber es kommt noch schlimmer! Viele dieser Programme haben nämlich gar nichts mit Astrologie zu tun, sie setzen einfach Texte zusammen, die irgendwie gut klingen und in denen jeder sich ein bisschen wiedererkennt. Klarer Fall also: Die Tageshoroskope in Zeitungen sind echter Blödsinn und es lohnt sich wirklich nicht, sie zu lesen!

Haben die Sterne Einfluss auf uns?

Ja, die Sterne haben sogar sehr viel Einfluss auf uns! Die alten Druiden und Hexen wussten das sehr viel besser als die Menschen heute und deshalb kannten sie auch die genauen Wirkungen der einzelnen Planeten auf unser Leben!

Ein paar dieser Wirkungen kennt jeder Mensch, meistens beachtet man sie aber gar nicht, weil man sich einfach so sehr daran gewöhnt hat.

Welche das sind? Zum Beispiel Ebbe und Flut. Dafür verantwortlich ist der Planet, der unserer Erde am nächsten ist, nämlich der Mond.

Warum heulen Wölfe bei Vollmond?

Auch wenn du das wahrscheinlich nur aus Horrorfilmen kennst, es stimmt tatsächlich: Wölfe heulen besonders gerne bei Vollmond! Genau genommen veranstalten Wölfe bei Vollmond sogar richtige „Heul-Partys" und dabei sitzt dann ein ganzes Wolfsrudel die ganze Nacht herum und heult stundenlang den Mond an. Früher dachten die Menschen deshalb, dass der Mond irgendeine geheimnisvolle und magische Wirkung auf die Wölfe hätte und sie verzaubern würde.

Gute Laune, schlechte Laune, Ebbe und Flut: Der Mond ist schuld!

Genau wie wir Menschen bestehen auch Wölfe und andere Säugetiere zum größten Teil aus Wasser. Und genau wie das Wasser der Ozeane, reagiert auch das Wasser in unseren Körpern auf die Anziehungskraft des Mondes. Zum Beispiel dauert der Zyklus des Mondes 28 Tage – das entspricht genau der Dauer des weiblichen Zyklus! Ebbe und Flut gibt es also nicht nur im Meer, sondern auch im Körper von Mensch und Tier.

Wie ist das mit der Sonne?

Sonnenaufgang und Sonnenuntergang haben eine Wirkung auf Pflanzen, Tiere und Menschen. Wir werden müde, schlafen bei Dunkelheit und wachen auf, wenn es hell wird. Nichts anderes tun alle Pflanzen – sie öffnen sich bei Sonnenlicht und schließen sich, wenn die Sonne verschwindet. Je nachdem, wie nah oder wie fern der Planet Sonne uns ist, verändert sich also unser Leben!

II

Was steckt nun wirklich hinter den Stern- zeichen?

Auch von anderen Planeten im Weltraum gehen gewisse Anziehungskräfte aus, die, selbst über sehr große Entfernungen hinweg, Einfluss auf die Erde haben.

Abhängig von Zeit und Ort, wirken diese Kräfte unterschiedlich. Damit sie sich genauer bestimmen lassen, teilen Astrologen diese Kräfte zuerst in zwölf Zeitabschnitte ein. Das ist deshalb wichtig, weil die Planeten ihre Positionen über das Jahr hinweg kontinuierlich verändern.

Sie stehen im Januar anders als im Februar, im März haben sie ihre Position schon wieder verändert und so geht das weiter, bis sie schließlich im Januar des nächsten Jahres wieder auf derselben Position stehen wie im Januar davor. Klar ist, dass die Kräfte der Planeten dadurch auch in jedem Monat anders auf uns Menschen wirken!

Die Astrologen vor 3000 Jahren, also die Hexen und Druiden, wussten das bereits und entwickelten die zwölf Sternzeichen. Je nachdem, in welchem Monat ein Mensch geboren wurde, waren unterschiedliche Sterne am Himmel zu sehen. Jedem dieser Sternbilder ordneten sie ein so genanntes Tierkreiszeichen zu und diese Zeichen gibt es heute noch!

Die Monate und ihre Sternzeichen:

21. März bis 20. April	**Widder**
21. April bis 20. Mai	**Stier**
21. Mai bis 21. Juni	**Zwilling**
22. Juni bis 22. Juli	**Krebs**
23. Juli bis 22. August	**Löwe**
23. August bis 23. September	**Jungfrau**
24. September bis 23. Oktober	**Waage**
24. Oktober bis 22. November	**Skorpion**
23. November bis 21. Dezember	**Schütze**
22. Dezember bis 20. Januar	**Steinbock**
21. Januar bis 19. Februar	**Wassermann**
20. Februar bis 20. März	**Fische**

Wie du siehst, dauern die Sternzeichen zwar immer genau einen Monat lang, sie stimmen aber nicht mit Anfang und Ende der Monate in unserem Kalender überein, sondern weichen um etwa 10 Tage davon ab. Die früheren Hexen und Astrologen hatten es da etwas einfacher – sie richteten ihre Kalender nämlich genau nach den einzelnen Sternbildern aus!

Ist wirklich jedes Sternzeichen anders?

Ja! Jedes Sternzeichen hat bestimmte Eigenschaften. Das liegt daran, dass jedes Sternzeichen eine ganz eigene Planetenkonstellation hat. Also wirken die Kräfte der Sterne auch auf eine ganz eigene Weise auf den Menschen, der in einem bestimmten Sternzeichen geboren wurde. Jemand, der im Sternzeichen Stier geboren ist, hat also auch ganz andere Eigenschaften, als ein Mensch der im Sternzeichen Steinbock geboren ist. Der so genannte Aszendent schließlich beeinflusst die Sternzeichen zusätzlich ganz wesentlich. Was es mit dem Aszendenten auf sich hat, zeige ich dir gleich noch genauer!

Gibt es wirklich nur zwölf unterschiedliche Arten von Menschen?

Zum Glück ist das nicht so – unsere Welt wäre dann auch ganz schön langweilig!

Das Sternzeichen ist eigentlich nur eine grobe Einteilung, mit der man ganz schnell bestimmen kann, was für ein Grundtyp ein Mensch ist. Jedes Sternzeichen hat nämlich seine bestimmten Eigenschaften und dabei ähneln sich dann auch tatsächlich alle Menschen auf unserer Erde.

Neben diesen grundsätzlichen Eigenschaften gibt es allerdings noch sehr viel mehr Dinge, die ein Sternzeichen ausmachen –

dazu findest du auf den folgenden Seiten mehr Informationen.
Übrigens: Du solltest zwar wissen, was es mit diesen Dingen auf
sich hat, du musst dir das aber nicht alles merken!
Hier kannst du sehen, welche grundsätzlichen Eigenschaften die
zwölf Sternzeichen haben.

Widder   Widder sind sehr direkte Menschen mit viel Durchsetzungswillen.

Stier   Stiere sind sehr mit ihrem eigenen Körper verbunden und suchen Sicherheit.

Zwilling   Zwillinge wägen ihre Entscheidungen immer gut ab und sind sehr kopforientiert.

Krebs   Krebse sind fast immer sehr empfindlich und ziehen sich schnell zurück.

Löwe   Löwen sind meistens sehr kreativ und herrschen gerne über andere Menschen.

Jungfrau   Jungfrauen sind fast immer sehr kritische Menschen, die alles im Leben genau betrachten, analysieren und abwägen.

Waage   Menschen mit diesem Sternzeichen versuchen auszugleichen und können gut zwischen anderen Menschen vermitteln.

Skorpion   Skorpione sind sehr leidenschaftliche Menschen, die dazu neigen, sich zurückzuziehen, und lieber ihren eigenen Interessen nachgehen.

Schütze   Menschen mit diesem Sternzeichen sind neugierig, haben viel Phantasie und lieben Veränderungen im Leben.

Steinbock   Steinböcke halten oft Abstand zu anderen Menschen und wirken deshalb manchmal ein bisschen zu kühl.

Wassermann   Menschen mit diesem Sternzeichen suchen nach Harmonie, können mit Streit schlecht umgehen und versuchen, möglichst unabhängig zu leben.

Fische   Menschen mit diesem Sternzeichen haben ein sehr gutes Gefühl dafür, wie sich Situationen entwickeln, und lassen Dinge gerne auf sich zukommen.

Was hat es mit den Elementen auf sich?

Jedes Sternzeichen gehört zu einem der vier Elemente Feuer, Wasser, Erde und Luft. Damit werden die zwölf Sternzeichen in vier Gruppen unterteilt, und jede dieser Gruppen hat spezielle Eigenschaften.

Das Element Feuer

Zum Element Feuer zählen die Stern-zeichen Widder, Löwe und Schütze. Das Feuer steht für Ehrlichkeit und Tatkraft, aber auch für spontanes Handeln und für Willensstärke.

Das Element Wasser

Zu diesem Element gehören die Stern-zeichen Krebs, Skorpion und Fische. Wasser steht für ein sehr starkes Einfühlungsvermögen.

Das Element Erde

Zum Element Erde zählen die Sternzeichen Stier, Jungfrau und Steinbock. Die Erde steht für die Stabilität und den Wunsch nach Sicherheit.

Das Element Luft

Zu diesem Element gehören die Sternzeichen Zwilling, Waage und Wassermann. Die Luft steht für Bewegung und Intelligenz.

Auch das gehört zu einem Sternzeichen: die Häuser ...

Die Häuser sind so etwas wie „kleine Sternzeichen". Während aber die Sternzeichen die Monate angeben und sich nach dem Lauf des Jahres richten, unterteilen die Häuser den Tageslauf in zwölf Einheiten. Jede Einheit, also jedes Haus, steht für bestimmte Richtungen, in die ein Mensch sich entwickeln kann.

1. Haus	Das erste Haus steht für die Beschäftigung mit sich selbst, also für das Ich.
2. Haus	Das zweite Haus steht für alles, was man im Leben besitzt, den „Reichtum".
3. Haus	Das dritte Haus steht für das Denken, die Intelligenz und die Bewegung.
4. Haus	Das vierte Haus steht für die Nähe zu sich selbst und anderen Menschen.
5. Haus	Das fünfte Haus steht für die Fröhlichkeit und das Spielen sowie für die Kreativität.
6. Haus	Das sechste Haus steht für die Gesundheit und den Einsatz deiner eigenen Fähigkeiten.
7. Haus	Das siebte Haus steht für Freundschaft und deine Beziehungen zu anderen Menschen.
8. Haus	Das achte Haus steht für die Liebe.
9. Haus	Das neunte Haus steht für deinen Willen, etwas Neues zu finden und Dinge zu entdecken.
10. Haus	Das zehnte Haus steht für das, was du selbst willst, deine Wünsche und Hoffnungen.
11. Haus	Das elfte Haus steht für das, was du erreichen kannst.
12. Haus	Das zwölfte Haus steht für deine Sehnsüchte, Träume und Wünsche.

... die Planeten ...

Unter den vielen Millionen Planeten in unserem Sonnensystem gibt es einige, die für das Horoskop sehr wichtig sind. Jeder dieser Planeten steht für bestimmte Eigenschaften, die er auf Menschen „übertragen" kann. Ob und wie das geschieht, hängt davon ab, wie ein Planet steht, wenn ein Mensch geboren wird.

Sonne	Die Sonne steht für den Lebenswillen und die Energie.
Mond	Der Mond steht für das Unterbewusstsein und die Empfindsamkeit für Dinge, die in der Umgebung vorgehen.
Mars	Mars steht für den Durchsetzungswillen, aber auch für Aggressionen.
Venus	Venus steht für Liebe und Genuss.
Merkur	Merkur steht für die Fähigkeit, mit anderen Menschen zu kommunizieren, aber auch für logische Fähigkeiten.
Jupiter	Jupiter steht für das Lebensglück, also auch für die Liebe und den Erfolg.
Saturn	Saturn ist der Gegenplanet zum Jupiter und steht für Misserfolge und Hindernisse.
Uranus	Uranus steht für den Willen, Hindernisse zu überwinden und Neues anzufangen.
Pluto	Pluto steht für alle Ängste, aber auch für die Energien, die man braucht, um diese Ängste zu bewältigen.
Neptun	Neptun steht für Wünsche und Träume, vor allem aber für alle Sehnsüchte.

... und zum Schluss:
die Aszendenten!

Fast das Wichtigste an jedem Horoskop ist der so genannte Aszendent. Der Aszendent ist das Tierkreiszeichen, das zum Zeitpunkt der Geburt eines Menschen am östlichen Horizont zu sehen ist. Weil sich dieses Tierkreiszeichen genau genommen alle vier Minuten verändert, brauchst du für ein Horoskop auch die genaue Uhrzeit der Geburt. Je genauer du sie kennst, desto treffender wird später auch das Horoskop! Der Aszendent verändert das Sternzeichen: Ist dein Sternzeichen zum Beispiel Stier, hast du alle typischen Stier-Eigenschaften. Ist dein Aszendent beispielsweise Jungfrau, bist du nicht mehr nur ein Stier, sondern hast zusätzlich auch noch die Eigenschaften der Jungfrau!

III

Die Stern- zeichen und ihre Eigenschaften

J etzt weißt du schon fast alles darüber, was sich hinter einem Sternzeichen verbirgt und aus welchen einzelnen Elementen es besteht.

Auf den nächsten Seiten zeige ich dir alle Sternzeichen und ihre Eigenschaften, du erfährst, welche Stärken und Schwächen sie haben und welche Sternzeichen besonders gut zueinander passen.

Gute und schlechte Sternzeichen - gibt es das wirklich?

Die Sterne kennen kein „Gut" und auch kein „Schlecht", deshalb sind alle Sternzeichen gleich gut! Wenn jemand meint, dein Sternzeichen wäre schlecht und ein anderes wäre besser, dann sagst du am besten gar nichts dazu. Dieser Mensch hat nämlich einfach keine Ahnung von Astrologie und du musst dich deshalb nicht anstrengen, das Gegenteil zu beweisen!

Gibt es weibliche und männliche Sternzeichen?

Genau genommen gibt es gar keine männlichen oder weiblichen Sternzeichen, manchmal wird diese Bezeichnung aber fälschlicherweise verwendet. Was es natürlich gibt, sind die Unterschiede zwischen Männern und Frauen, und deshalb unterscheiden sich auch die Sternzeichen.

Der Stier beispielsweise hat bestimmte Eigenschaften, die du bei allen Menschen mit diesem Sternzeichen finden wirst. Da Männer anders sind als Frauen, sind Stier-Männer logischerweise auch anders als Stier-Frauen! Damit du diese Unterschiede besser erkennen kannst, zeige ich dir auch immer beide Seiten eines Sternzeichens: die männliche und die weibliche.

Kann das sein: Manche Sternzeichen passen besser zueinander als andere?

Ja und Nein! Es gibt tatsächlich einige Sternzeichen, die von Haus aus nicht so gut miteinander harmonieren wie andere. Ein Beispiel dafür sind Stier und Widder. Es kommt aber nicht allein auf die Sternzeichen an, sondern auch auf die Aszendenten! Und die können so liegen, dass sich zwei Sternzeichen, die sich angeblich nicht riechen können, plötzlich wirklich richtig lieben! Wenn du also jemanden kennen lernst und sein Sternzeichen passt überhaupt nicht zu deinem, heißt das noch lange nicht, dass auch ihr beiden nicht zusammenpasst! Damit du aber weißt, welche Sternzeichen grundsätzlich gut und welche weniger gut miteinander auskommen, zeige ich dir das für jedes Sternzeichen in einem eigenen Abschnitt!

Stimmt das: Jedes Sternzeichen hat eine Farbe und einen Stein?

Ja, das stimmt!
Die alten Druiden und Hexen wussten das allerdings sehr viel besser als die meisten Menschen heute. Zu jedem Sternzeichen gibt es mindestens eine ganz besonders gut passende Farbe und mindestens einen bestimmten Stein.
Mindestens deshalb, weil zu einem Sternzeichen auch der Aszendent gehört und der ist ja ebenfalls ein Tierkreiszeichen, zu dem wieder eine Farbe und verschiedene Steine gehören.

Was bewirken die Farben und Steine?

Die Farben und Steine haben eine wichtige Aufgabe: Sie verstärken nämlich die guten Eigenschaften eines Sternzeichens und schwächen zugleich die weniger guten Eigenschaften ab! Zum Stier gehören beispielsweise die Farbe Grün und die Steine

Achat, Karneol, Rosenquarz und Turmalin. Hat der Stier den Aszendenten Jungfrau, kommt eine neue Farbe dazu, nämlich Braun. Die Steine der Jungfrau sind der gelbe Jaspis und das Tigerauge. Insgesamt kannst du nun also aus zwei Farben und sechs verschiedenen Steinen wählen, um die positiven Eigenschaften des Stiers zu verstärken und die weniger tollen Seiten abzuschwächen. Wie du die Farben und Steine am besten einsetzt, zeige ich dir gleich!

Wo bekommt man die Steine?

Die Steine, die zu jedem Sternzeichen gehören, bekommst du in jedem Esoterikladen für ein paar Euro. Manchmal nennen sich diese Läden übrigens auch Edelstein- oder Hexenladen und du findest sie in fast jeder Stadt oder jedem größeren Dorf. Manche Sternzeichen haben einen sehr kostbaren und teuren Stein, wie zum Beispiel den Rubin oder den Bergkristall. Solche Steine haben zwar sehr viel Macht, sie sind aber einfach zu teuer und deshalb solltest du sie auch nicht kaufen! Weil es zu jedem Sternzeichen auch noch mindestens einen zweiten und billigeren Stein gibt, nimmst du lieber diesen! Und noch etwas: Es spielt eigentlich keine Rolle, wie groß der Stein ist – seine Wirkung ist immer dieselbe! Du musst also nicht unnötig viel Geld für einen besonders großen Stein ausgeben, sondern kannst wirklich einen kleinen und preisgünstigen kaufen!

So setzt du die Steine ein

Um die Sternzeichensteine einzusetzen, hast du mehrere Möglichkeiten. Du kannst zum Beispiel sehr kleine Steine kaufen und sie auf eine Haarspange kleben. Bekommst du so kleine Steine nicht, nimmst du die nächste Größe, also vielleicht solche mit etwa einem Zentimeter Durchmesser und einer flachen Seite. Solche Steine kannst du ganz einfach auf einen Armreifen kleben.

Sehr gut wirkt die Kraft der Steine natürlich auf einem Ring, besonders weil man einen Stein dann auch gut sehen kann! Nimm einfach einen breiten Modeschmuck-Ring, zum Beispiel einen aus durchsichtigem oder farbigem Kunststoff. Solche Ringe haben fast immer eine breite und flache Oberseite, auf die du den Stein aufkleben kannst.

Du kannst die Steine auch als so genannte „Trommelsteine" kaufen, die es in verschiedenen Größen und für nur ein paar Euro gibt. Such dir einen Stein aus, dessen Form dir besonders gut gefällt und der sich in deiner Hand richtig gut anfühlt.

Du musst ihn auf jeden Fall ein paar Minuten in der Hand behalten und versuchen, dich auf seine Ausstrahlung zu konzentrieren, bevor du ihn kaufst! Wird der Stein in deiner Hand ein bisschen warm, ist es der richtige!

Hast du deinen Stein gefunden, trägst du ihn ab jetzt in der Hosentasche mit dir. Wenn du in eine Situation kommst, in der du die Kraft des Steins besonders brauchst, nimmst du ihn einfach fest in die Hand, ohne ihn zu stark zu drücken.

Konzentriere dich auf den Stein – wenn er langsam warm wird, beginnt er seine Kräfte freizusetzen!

Stört dich ein Stein in der Hosentasche, kannst du noch etwas anderes ausprobieren. Statt eines runden Steins kaufst du einfach eine Steinscheibe, die manchmal auch Chakra-Scheibe (das spricht man übrigens „Tschackra") oder Donut genannt wird. Solche Steinscheiben gibt es in verschiedenen Größen und in der Mitte haben sie ein kleines Loch. Durch dieses Loch ziehst du am besten ein dünnes Lederbändchen und so kannst den Stein um den Hals tragen.

Sternzeichenzauber: So machst du aus jedem Sternzeichen das Beste!

Wie du jetzt weißt, hat jedes Sternzeichen, genau wie jeder Mensch, seine Stärken und seine Schwächen. Manche Sternzeichen sind zum Beispiel sehr ungeduldig, andere lassen sich viel

zu leicht überreden und wieder andere sind sehr schüchtern und schließen deshalb nicht so leicht Freundschaften.

Die Hexen wussten das schon vor Jahrhunderten und kannten die Schwächen und Stärken der einzelnen Sternzeichen sehr genau. Aus dieser Zeit stammen die Sternzeichenzauber. Mit diesen Zaubern kannst du die guten Eigenschaften eines Sternzeichens verstärken. Umgekehrt schaffen es diese Zauber aber auch, die weniger guten Seiten abzuschwächen.

Wie die Zauber, Steine und Farben genau eingesetzt werden, zeige ich dir in einem eigenen Abschnitt zu jedem Sternzeichen. Dabei musst du allerdings beachten, dass du im Notfall zwar die Farben oder die Steine, niemals aber die Zauber der Sternzeichen untereinander vertauschen darfst! Jeder Zauber gehört wirklich nur zu einem bestimmten Sternzeichen! Selbst wenn sich die Zauber auf den ersten Blick ähneln, würden sie bei einem anderen Sternzeichen ihre Wirkung sofort verlieren!

Und noch etwas brauchst du für die Sternzeichenzauber: verschiedene Hexenkräuter.

Keine Sorge – das sind keine geheimnisvollen Pflanzen, sondern die Kräuter, die wir Hexen seit Jahrtausenden für unsere Zauber einsetzen! Es gibt sie auch heute noch, nur wissen die meisten Menschen eben nicht, dass es Hexenkräuter sind! Wenn du noch nicht mit der wundervollen Hexenkunst vertraut bist, wird es dich sicher überraschen, dass du diese Kräuter alle kennst, sie heißen nämlich zum Beispiel Basilikum, Pfeffer, Dill, Ingwer oder Lorbeer. Siehst du – du kennst diese Kräuter – aber wahrscheinlich nur als Gewürze, die man in der Küche verwendet! Setzt du sie allerdings in einem Zauber als Hexenkräuter ein, dann beginnen sie ihre ganze Kraft freizusetzen! Welche Kräuter du für welchen Zauber brauchst, zeige ich dir ebenfalls in den Abschnitten zu den einzelnen Sternzeichen! Die Kräuter bekommst du alle in getrockneter Form im Supermarkt. Wirkungsvoller sind zwar frische Kräuter, die bekommst du aber meistens nur auf Wochen- oder Bio-Märkten. Und Kräuter wie etwa Baldrian, kaufst du am besten in der Apotheke! Für manche Zauber brauchst du zusätzlich einen so genannten Duftstein.

Ihn bekommst du ebenfalls in jedem Esoterik-Laden, oft auch in Supermärkten für wenig Geld. Auf diesen Stein tropfst du während des Zauberns die Öle, die ich dir in den verschiedenen „Rezepten" nenne. Am besten holst du dir ein solches Öl auch in einem Esoterik-Laden, denn nur so kannst du sicher sein, dass in den Ölen nicht irgendwelche Bestandteile sind, die für den Zauber schlecht sein könnten!

Und noch ein kleiner Tipp: Du darfst bei einem Zauber nie daran denken, dass er auch unbedingt funktionieren muss, sondern nur an das, was du gerade tust. Wenn du eine Zauberformel sprechen musst, darfst du dich dabei keinesfalls versprechen! Ist dir das doch passiert, wird der Zauber sofort unwirksam! Keine Sorge – es passiert nichts weiter, du musst den Zauber allerdings wieder ganz von vorne beginnen!

Erfolgreich zaubern

Ich habe in diesem Buch leider nicht genug Platz, um dir alle wichtigen Einzelheiten des Hexenwissens und der Zauberei erklären zu können. Ich habe aber ein anderes Buch geschrieben, das du unter dem Namen „Zauberpower – Magische Hexentipps" findest. Dort zeige ich dir alles, was du als erfolgreiche Hexe wirklich wissen musst, welche Werkzeuge du brauchst und wie deine Zauber garantiert funktionieren! Du erfährst in diesem Buch natürlich auch alles über die Hexenkräuter, welche Wirkungen sie haben und für welche Zauber du sie brauchst. Am Ende des Buches zeige ich dir dann übrigens noch die wirkungsvollsten Zauber für die Liebe, die Freundschaft und andere wichtige Situationen! Und wenn du schon ein wenig mehr Erfahrung mit der Hexerei und den verschiedenen Zaubern hast, solltest du einen Blick in „Das Buch der Schatten" und „Das Buch der Zaubersprüche" werfen, die meine beste Freundin Maja Sonderbergh geschrieben hat!

So – jetzt aber zu den einzelnen Sternzeichen!

Der Widder
(21.März bis 20. April)

Menschen, die im Sternzeichen Widder geboren werden, sind sehr direkt bei allem, was sie tun, und häufig leider ein bisschen zu ungeduldig. Sie greifen gerne an und sind manchmal richtige „Draufgänger". Trotzdem sind Widder sehr gefühlsbetont, auch wenn man das nicht immer sofort merkt. Widder sind aufrichtige und ehrliche Menschen, und wenn sie einmal eine Freundschaft eingehen, dann hält die meist ein Leben lang.

Das Widder-Mädchen

Widder-Mädchen sind sehr leidenschaftlich und wählerisch und suchen sich ihre Freunde sehr genau aus! Sie sind äußerst selbstbewusst und wissen genau, was sie wollen – deshalb haben Jungen es mit Widder-Mädchen manchmal ziemlich schwer! Weil Widder gerne über andere Menschen herrschen, versuchen Widder-Mädchen das natürlich auch bei ihrem Freund. Wenn ihnen das gelingt, dann verlieren sie allerdings ziemlich schnell das Interesse an diesem Jungen. Nur wenn ein Widder-Mädchen auf jemanden trifft, der ihr überlegen ist, lässt sie dieses Machtspiel sein. Widder-Mädchen würden niemals eine Freundin oder einen guten Freund verraten. Widder-Mädchen sind ehrlich! Deshalb sagen sie auch meistens sehr direkt, was sie gerade denken. Dummerweise vergessen sie dabei aber häufig, dass sich andere Menschen von der direkten Art verletzt fühlen könnten. Und weil Widder-Mädchen meistens sehr mit dem beschäftigt sind, was sie gerade tun und sagen, merken sie gar nicht, dass sie gerade jemandem „auf die Füße getreten" sind.
Ein echtes Problem für Widder-Mädchen ist ihre Ungeduld! Sie wollen alles jetzt und sofort. Und genau das führt ganz häufig zu richtigen Wutausbrüchen, die für andere Menschen oftmals gar nicht nachvollziehbar sind.

Der Widder-Junge

Widder-Jungen sind sehr spontan und können sich schnell für etwas begeistern. Weil Widder-Jungen schnell Freundschaften schließen, merken sie häufig nicht, wer ein echter und wer ein falscher „Freund" ist. So kommt es, dass sie sich manchmal in Gefahr begeben.

Widder-Jungen sind ehrliche und verlässliche Freunde, die immer da sind, wenn jemand Hilfe braucht.

Genau wie Widder-Mädchen, sind auch Widder-Jungen furchtbar ungeduldig. Wenn sie sich in ein Mädchen verlieben, dann muss alles möglichst schnell gehen. Wenn ein Widder-Junge auf ein zurückhaltendes Mädchen, zum Beispiel auf ein Krebs-Mädchen, trifft, dann kann diese Ungeduld alles zerstören! Der Widder-Junge versucht, das Krebs-Mädchen zu drängen, aber genau das mögen Krebse ganz und gar nicht und ziehen sich deshalb zurück.

Die Farbe des Widders
Die Farbe des Widders ist Grau. Egal, ob ein helles oder ein dunkles Grau – diese Farbe hilft dem Widder, seine Schwächen zu kontrollieren.

Die Steine des Widders
Der Widder hat drei Steine und zwar den roten Jaspis, den Karneol und den Rubin. Der Rubin ist der mächtigste, aber leider auch der teuerste Stein, deshalb solltest du ihn auch nicht kaufen. Der rote Jaspis und der Karneol haben einzeln zwar nicht so viel Kraft wie der Rubin, wenn du sie aber beide zusammen verwendest, kannst du das leicht wieder ausgleichen!

Diese Sternzeichen passen besonders gut zum Widder:
- Wassermann
- Zwilling
- Löwe
- Widder
- Schütze
- Waage

Diese Sternzeichen passen nicht besonders gut zum Widder:

- Jungfrau
- Skorpion
- Fische
- Stier
- Krebs
- Steinbock

Zauber für den Widder

Der Widder braucht dringend einen Geduldszauber, bist du verliebt, brauchst du den kombinierten Liebes- und Geduldszauber, denn damit schlägst du zwei Fliegen mit einer Klappe! Ich zeige dir aber trotzdem auch den einfachen Geduldszauber.

Der einfache Geduldszauber für alle Fälle

Für diesen Zauber brauchst du:
- *zwei weiße Kerzen*
- *ein Eichenblatt oder ein Ahornblatt (das muss übrigens nicht frisch sein, du kannst auch Herbstlaub verwenden)*
- *ein kleines Stück grauen Stoff*
- *ein weißes Blatt Papier*
- *einen grauen Stift (am besten einen Bleistift)*
- *einen roten Jaspis oder einen Karneol*
- *ein bisschen Baldrian (etwa einen Teelöffel voll)*

So funktioniert der Zauber
Auf das Blatt Papier malst du mit dem grauen Stift einen großen und einen kleineren Kreis. In den kleinen Kreis schreibst du jetzt das Wort „ruhig". Nun legst du das Eichen- oder Ahornblatt in die Mitte des großen Kreises. Hast du nur einen der beiden Steine, legst du ihn auf das Eichen- oder Ahornblatt. Hast du beide Steine, legst du den roten Jaspis links neben das Blatt, den Karneol rechts neben das Blatt. Jetzt stellst du die beiden weißen Kerzen links und rechts neben das Blatt Papier und zün-

dest zuerst die linke und dann die rechte Kerze an. Nimm den Baldrian in die rechte Hand und setze dich vor das Blatt Papier. Lasse die Kerzen etwa zwei bis drei Minuten brennen und denke dabei an die Oberfläche eines großen und sehr stillen Sees. Es wird ein paar Augenblicke dauern, bis du dir diesen See vorstellen kannst. Wenn du ihn siehst, streust du vorsichtig den Baldrian in den kleinen Kreis, in dem das Wort „ruhig" steht. Nach etwa einer Minute löschst du zuerst die linke und dann die rechte Kerze. Der Zauber beginnt sofort zu wirken!

Der kombinierte Liebes- und Geduldszauber

Für diesen Zauber brauchst du:
- *eine weiße Kerze*
- *eine rosa Kerze*
- *eine rote Kerze*
- *eine Kerze in der Sternzeichenfarbe des Menschen, in den du verliebt bist*
- *einen roten Jaspis oder einen Karneol*
- *einen Rosenquarz*
- *ein bisschen Baldrian (ein Teelöffel voll ist genug)*
- *eine Messerspitze Rosmarin*
- *drei weiße Pfefferkörner*
- *ein kleines Schälchen (oder eine Untertasse)*
- *ein weißes Blatt Papier*
- *einen grauen Stift (am besten einen Bleistift)*
- *ein Foto des Menschen, in den du verliebt bist*

So funktioniert der Zauber
Auf das Blatt Papier schreibst du zuerst deinen eigenen Namen und ziehst einen Kreis darum. Jetzt drehst du das Blatt so, dass dein Name auf dem Kopf steht, und schreibst den Namen des

Menschen, in den du verliebt bist, darunter. Auch um diesen Namen ziehst du einen Kreis und danach einen weiteren um die beiden Kreise mit euren Namen. Jetzt entzündest du die Kerzen: zuerst die weiße Kerze, dann die rosa Kerze, als nächstes die in der Sternzeichenfarbe des Menschen, in den du verliebt bist, und erst zum Schluss die rote Kerze! Nun legst du erst den roten Jaspis oder den Karneol in den großen Kreis auf dem Blatt. Wenn du beide Steine hast, legst du sie beide hinein! Du musst jetzt die Augen schließen und dir eine halbe Minute lang das Bild des Menschen vorstellen. Jetzt blickst du dem Menschen auf dem Foto genau in die Augen und legst dabei das erste Pfefferkorn in den großen Kreis. Dabei sprichst du leise die Formel:

> *„Im tiefen Schlaf,*
> *auch wenn er wacht,*
> *hat er nur an mich gedacht,*
> *manche Liebe braucht viel Zeit,*
> *doch ich bin für dich bereit."*

Jetzt legst du das zweite Pfefferkorn in den Kreis und wiederholst die Formel. Nun kannst du die weiße und die rosa Kerze löschen. Lege dann das dritte Pfefferkorn in den Kreis und wiederhole die Formel ein letztes Mal. Jetzt wartest du ein paar Sekunden, streust dann den Baldrian und den Rosmarin in das Schälchen und vermischst beide Kräuter vorsichtig miteinander. Dann löschst du die rote Kerze und legst sofort danach den Rosenquarz auf die gemischten Kräuter im Schälchen. Warte nun etwa eine halbe Minute lang und lösche dann auch die Kerze mit der Sternzeichenfarbe. Ist die Kerze erloschen, beginnt dein Zauber sofort zu wirken.

Der Stier (21. April bis 20. Mai)

Bei allen Menschen, die im Zeichen des Stiers geboren wurden, findest du ein paar sehr auffällige Eigenschaften. Stiere sind echte Genießer und sie lieben schöne Dinge wie gutes Essen und gute Musik. Stiere sind sehr treue Menschen und die besten Freunde, die man finden kann. Meistens brauchen sie aber sehr lange, bis sie wirklich Freundschaft mit jemandem schließen. Dann allerdings sind sie für ihre Freunde immer da und geben im Notfall wirklich ihr „letztes Hemd". Auch bis ein Stier sich verliebt, kann es einige Zeit dauern. Ist es aber einmal passiert, dann ist die Liebe des Stiers durch nichts mehr zu erschüttern! Die größte Schwäche der Stiere ist allerdings ihr Jähzorn! Du wirst lange brauchen, um einen Stier wirklich böse zu machen, denn meistens hat er seine Gefühle sehr gut im Griff. Wenn ein Stier aber einmal böse wird, dann solltest du so schnell wie möglich in Deckung gehen!

Das Stier-Mädchen

Wie alle Stiere, sind auch Stier-Mädchen sehr treu in der Liebe. Allerdings machen sie es einem Jungen ziemlich schwer, denn sie brauchen lange, bis sie sich endlich entscheiden. Ein Junge, der keine Geduld mit einem Stier-Mädchen hat, wird also vielleicht zu schnell aufgeben. Ein echtes Problem fast aller Stier-Mädchen ist, dass sie sich manchmal in Jungen verlieben, die eigentlich gar nicht zu ihnen passen! Weil sie aber treu sind und ihre Entscheidungen nicht so schnell wieder rückgängig machen können, werden viele Stier-Mädchen in solchen Freundschaften sehr unglücklich!
Eine Eigenschaft, die alle Stier-Mädchen gemeinsam haben, ist ihr guter Geschmack. Sie finden immer die passende Kleidung für jeden Anlass und bei ihnen zu Hause ist es so gemütlich, dass ihre Freunde gar nicht mehr gehen wollen. Stier-Mädchen können fast immer sehr gut kochen, sie essen aber auch für ihr Leben gerne leckere Sachen. Eine große Schwäche der Stier-Mädchen ist zugleich auch ihre größte Stärke: das Vertrauen in andere Menschen! Hat ein Stier-Mädchen nämlich einmal Vertrauen gefasst, ist dieses fast durch nichts zu erschüttern.

Der Stier-Junge

Stier-Jungen und Stier-Mädchen ähneln sich sehr – das ist auch der Grund dafür, dass sie recht gut zusammenpassen. Stier-Jungen sind nicht nur treu, sie sind auch sehr anhänglich! Wenn sie einen Menschen gerne mögen, weichen sie kaum mehr von dessen Seite. Noch viel schlimmer als für Stier-Mädchen, ist es für Stier-Jungen, mit Enttäuschungen fertig zu werden. Wenn ein Mensch einmal unehrlich zu ihm war, wird ein Stier-Junge seine Enttäuschung zwar kaum zeigen – er vergisst diesen Vorfall aber niemals! Ein ganz typischer Zug an Stier-Jungen ist ihr Wunsch, etwas zu besitzen. Manche Stier-Jungen können dabei aber nur schwer zwischen Dingen und Menschen unterscheiden. Wenn du mit einem Stier-Jungen zusammen bist, musst du ihm also vielleicht einmal erklären, dass er zwar alle möglichen Dinge, aber niemals einen Menschen besitzen kann!

Stier-Jungen mögen es zwar gerne sehr bequem, sie sind aber unglaublich fleißig, wenn es drauf ankommt! Weil sie bei allem, was sie tun, eine große Ausdauer haben, erreichen sie auch meistens ihr Ziel! Allerdings brauchen Stier-Jungen immer einen Anstoß, also einen Grund, der sie aktiv werden lässt. Haben sie den gefunden, bremst sie aber fast nichts mehr und kein Ferienjob ist ihnen zu dumm, um zum Beispiel das Geld für die neue Snowboardausrüstung zusammenzubekommen. Genau wie Stier-Mädchen haben auch Stier-Jungen eine große Stärke, die zugleich auch ihre größte Schwäche sein kann – sie vergessen nichts! Wird ein Stier-Junge ein einziges Mal enttäuscht, merkt er sich das bis an sein Lebensende! Das kann so weit gehen, dass ein Stier-Junge jahrelang nicht mehr mit dem besten Freund spricht, nur weil der sich einmal einen Patzer erlaubt hat!

Die Farbe des Stiers

Menschen mit dem Sternzeichen Stier sind Frühlingskinder, deshalb ist ihre Farbe natürlich auch Grün. Schon im Mittelalter wussten die Hexen, dass Grün eine beruhigende und besänftigende Wirkung hat. Und genau diese Eigenschaften helfen dem Stier, seine Wutausbrüche in den Griff zu bekommen und nicht zu nachtragend zu sein.

Die Steine des Stiers

Zum Sternzeichen Stier gehören sechs Steine. Drei davon sind die Hauptsteine, die drei anderen sind so genannte Nebensteine. Die Hauptsteine sind natürlich auch die wirkungsvollsten und sie heißen Achat, Karneol und Rosenquarz. Die Nebensteine sind Goldfluss, Perlmutt und Turmalin. Das Sternzeichen Stier steht im Zeichen der Venus, also im Zeichen der Liebe. Deshalb hat der Rosenquarz bei allen Stieren auch die stärkste Wirkung – schließlich ist er der Stein der Liebe! Für alle Zauber dieses Sternzeichens, die nichts mit Liebe zu tun haben, kannst du übrigens ganz frei zwischen den Haupt- und Nebensteinen auswählen. Nur beim Liebeszauber musst du auf jeden Fall einen Rosenquarz wählen!

Diese Sternzeichen passen besonders gut zum Stier:

- Stier
- Steinbock
- Jungfrau
- Krebs
- Fische
- Skorpion (Vorsicht: Ein Skorpion kann sehr gut, aber auch sehr schlecht zu einem Stier passen!)

Diese Sternzeichen passen nicht besonders gut zum Stier:

- Widder
- Zwilling
- Waage
- Schütze
- Löwe
- Wassermann
- Skorpion (Wie gesagt: Skorpione und Stiere passen entweder sehr gut oder überhaupt nicht zusammen!)

Zauber für den Stier

Stiere sind sehr vertrauensvoll und reagieren zugleich furchtbar nachtragend, wenn sie einmal enttäuscht wurden. Der Stier braucht also zwei unterschiedliche Zauber. Allerdings gibt es keinen „Anti-Vertrauenszauber", der wäre auch ehrlich gesagt nicht besonders sinnvoll, denn die Fähigkeit der Stiere, jemandem zu vertrauen, ist ja prinzipiell eine schöne Eigenschaft! Besser ist ein Kombinationszauber, also ein Zauber, der dem Stier zwar sein Vertauen lässt, ihm aber den Blick für unehrliche Menschen schärft. Und noch etwas können Stiere ganz gut gebrauchen – einen starken Liebeszauber! Stier-Mädchen und Stier-Jungen sind zwar nicht besonders schüchtern und schaffen es auch schnell, neue Kontakte zu knüpfen – sie warten aber manchmal einfach zu lange, bis sie etwas von sich preisgeben. Weil nicht alle Menschen so viel Geduld haben wie Stiere, kann es sein, dass der Traumtyp oder das tolle Mädchen einfach aufgeben und denken, der Stier hätte gar kein Interesse an ihnen. Der Liebeszauber hilft den Stieren also, ein bisschen lockerer zu werden und Entscheidungen schneller zu treffen!

Der Realitätszauber zum Erkennen falscher Freunde

Für diesen Zauber brauchst du:
- *zwei weiße Kerzen*
- *eine grüne Kerze*
- *eine braune Kerze*
- *eine Messerspitze Zimt*
- *drei schwarze Pfefferkörner*
- *eine Messerspitze Myrrhe (wenn du keine Myrrhe bekommst, kannst du auch drei Tropfen Myrrheöl nehmen, das du auf einen Duftstein tropfst)*
- *ein weißes Blatt Papier*
- *einen grünen Stift*
- *einen schwarzen Stift*
- *einen roten Stift*
- *einen Achat (oder einen der anderen Haupt- und Nebensteine)*
- *einen Lapislazuli (er verstärkt den Zauber)*

So funktioniert der Zauber

Du zündest zuerst die beiden weißen Kerzen an. Dann zeichnest du ein kleines grünes Quadrat auf das Blatt Papier und schreibst deinen Namen hinein. Nun entzündest du die grüne Kerze und zeichnest einen großen schwarzen Kreis auf das Blatt. In diesen Kreis malst du einen kleinen Kreis mit dem roten Stift. Die beiden Kreise dürfen sich auf keinen Fall berühren! Lass am besten einen Zentimeter Platz zwischen ihnen! Mit dem roten Stift zeichnest du nun eine ganz einfache Figur in den roten Kreis, die für den Menschen steht, der vielleicht nicht so ganz ehrlich zu dir ist. Hast du die Figur fertig gezeichnet, sprichst du den Namen des Menschen langsam und leise aus. Bist du damit fertig, wartest du eine halbe Minute und sprichst den Namen nochmals langsam und leise aus. Achte immer darauf, dass du dich nicht versprichst! Der Zauber funktioniert auch für mehrere Menschen gleichzeitig; wenn es mehrere Namen sind, darfst du keine zu langen Pausen beim Sprechen zwischen den einzelnen Namen lassen! Jetzt zündest du die braune Kerze an und streust zuerst den Zimt in das Quadrat mit deinem Namen. Dann legst du die drei Pfefferkörner in den roten Kreis, und zwar so, dass sie ein Dreieck bilden. Wie groß oder klein das Dreieck ist, spielt dabei übrigens keine Rolle! Hast du nur einen Sternzeichenstein, legst du ihn jetzt genau auf die Linie des schwarzen Kreises, und zwar so, dass die Linie genau durch die Mitte des Steines geht. Hast du mehrere Steine, legst du sie im Abstand von ein paar Zentimetern genau auf die Linie. Hast du sogar den Lapislazuli, legst du ihn in die Mitte des roten Kreises. Konzentriere dich nun noch einmal und sprich den oder die Namen ein letztes Mal langsam und leise aus. Jetzt streust du die Myrrhe über die drei Pfefferkörner. Hast du stattdessen Myrrheöl, gibst du drei Tropfen davon auf den Duftstein und stellst ihn für zwei Minuten (auf keinen Fall länger) ebenfalls in den roten Kreis. Lösche nun die Kerzen, und zwar zuerst die braune, dann die beiden weißen und ganz zum Schluss die grüne Kerze. Sobald die Kerzen verloschen sind und du keinen Rauch mehr sehen kannst, beginnt der Zauber zu wirken!

Der starke Liebeszauber gegen zu langes Warten

Für diesen Zauber brauchst du:
- *zwei rote Kerzen*
- *eine rosa Kerze*
- *eine grüne Kerze*
- *eine Kerze in der Sternzeichenfarbe des Menschen, um den es geht (wenn du keinen besonderen Menschen meinst, kannst du diese Kerze weglassen)*
- *zwei Messerspitzen Rosmarin (oder vier Tropfen Rosmarinöl für den Duftstein)*
- *ein Lorbeerblatt*
- *ein rotes Rosenblatt*
- *einen Rosenquarz*
- *einen grünen Stift*
- *ein weißes Blatt Papier*
- *einen halben Fingerhut (keinesfalls mehr) kaltes Leitungswasser*

So funktioniert der Zauber

Zuerst entzündest du die rosa Kerze. Dann zeichnest du drei grüne Kreise nebeneinander auf das Blatt Papier. In den mittleren Kreis schreibst du deinen Namen und entzündest die erste rote Kerze. Jetzt streust du den Rosmarin in den linken Kreis und zündest danach die zweite rote Kerze an. Statt des Rosmarins kannst du auch den Duftstein in den linken Kreis stellen und vier Tropfen des Rosmarinöls darauf geben. Als Nächstes legst du das Lorbeerblatt in den rechten Kreis und entzündest die grüne Kerze. Denke bitte daran, dass du die beiden Kreise auf keinen Fall vertauschen darfst! Möchtest du den Zauber auf einen bestimmten Menschen richten, entzündest du nun die Kerze mit seiner Sternzeichenfarbe. Du schließt jetzt die Augen und versuchst, in deiner Vorstellung ein möglichst genaues Bild dieses Menschen entstehen zu lassen. Siehst du das Bild deutlich vor dir, sprichst du seinen Vornamen langsam und leise aus. (Richtet sich dein Zauber auf keinen bestimmten Menschen, lässt du stattdessen ein Bild von dir selbst entstehen.)

Öffne die Augen wieder und lege nun das Rosenblatt in den Kreis mit deinem Namen. Das Rosenblatt muss, dabei wie eine kleine Schale liegen, also mit seiner gebogenen Seite auf dem Papier! Du wartest jetzt eine halbe Minute und gibst dann das Wasser aus dem Fingerhut auf das Rosenblatt. Denke daran, dass das Wasser wirklich kalt sein muss und verwende nur so viel Wasser, dass das Rosenblatt fast gefüllt ist! Nun legst du den Rosenquarz in das Rosenblatt. Wenn dabei ein paar Tropfen Wasser überlaufen, macht das nichts! Du wartest jetzt eine Minute und löschst zuerst die beiden roten und danach die rosa Kerze. Hast du eine Sternzeichenkerze verwendet, löschst du diese als nächstes! Nun nimmst du ein wenig vom Rosmarin aus dem linken Kreis und gibst es zu dem Wasser im Rosenblatt. Nun löschst du auch die grüne Kerze und nach etwa fünf Minuten beginnt dein Zauber zu wirken!

Der Zwilling (21. Mai bis 21. Juni)

(Z) willinge sind grundsätzlich sehr aufgeschlossene und kontaktfreudige Menschen. Sie interessieren sich eigentlich für alles, was um sie herum passiert und deshalb haben sie auch oft eine ganze Menge verschiedener Hobbys. Zwillinge lieben die Gesellschaft anderer Menschen, Partys und Vergnügungen und sie sind eigentlich immer mitten im Getümmel zu finden. Gerade weil sie so vielseitig sind, verlieren sie manchmal den Blick für das Wesentliche. Zwillinge können anderen Menschen ohne Probleme die kompliziertesten Dinge erklären, sie sind wortgewandt und können unglaublich charmant sein! Ihre größte Stärke ist die Anpassungsfähigkeit und deshalb finden sie auch in einer neuen Umgebung blitzschnell Freunde und fühlen sich schnell zu Hause. Eine echte Schwäche der Zwillinge ist der Mangel an Ausdauer. Sie fangen zwar alles Mögliche mit voller Begeisterung an, verlieren aber schnell die Geduld und die Lust. Besonders wenn sie verliebt sind, kann das traurig enden! Aber auch in der Schule oder während der Ausbildung haben Zwillinge deshalb manchmal mehr Schwierigkeiten als andere Sternzeichen. Das ist eigentlich ungerecht, denn Zwillinge sind meistens sehr intelligent und sie brauchen manchmal einfach nur einen kleinen „Schubs", um etwas erfolgreich abzuschließen!

Das Zwilling-Mädchen

Zwilling-Mädchen sind sehr taktvoll und sie würden nie einen Witz auf Kosten eines anderen Menschen machen. Wenn sie dennoch einmal jemanden gekränkt haben, leiden sie meistens noch mehr als der oder die Gekränkte, und wenn sie sich dann entschuldigen, ist das wirklich ehrlich gemeint! Auch wenn Zwilling-Mädchen sich gerne anpassen, sehr treu sind und eher das tun, was ihr Freund möchte, sind sie nicht ganz unkompliziert! Weil sie schnell das Interesse verlieren, muss ein Junge sich schon sehr anstrengen, um sie ständig zu unterhalten! Langweilt sich ein Zwilling-Mädchen in einer Beziehung, wird es kritisch! Dann nämlich ist sie auch anderen Jungen gegenüber aufgeschlossen und kann untreu werden, obwohl sie das eigentlich gar nicht will. Manche Zwilling-Mädchen spielen auch gerne Rollen und geben sich anders, als sie wirklich sind. Das tun sie häufig, um sich selbst zu schützen – dummerweise wissen sie dann aber manchmal gar nicht mehr, wer sie wirklich sind! Zwilling-Mädchen sind wissbegierig und sehr neugierig und sie versuchen immer, hinter die Kulisschen zu schauen. Sie wollen wissen, was wirklich passiert ist, und nicht nur das glauben, was ihnen jemand erzählt hat. Deshalb geben sie sich auch nicht mit einfachen Erklärungen zufrieden, sondern fragen viel nach. Das ist zwar eine tolle Eigenschaft – manche Menschen fühlen sich davon aber genervt und finden, dass das Zwilling-Mädchen aufdringlich sei.

Ein Problem für Zwilling-Mädchen kann allerdings die Oberflächlichkeit werden: Viel wissen zu wollen ist zwar eine feine Sache, allerdings darf man sich dabei natürlich nicht verzetteln. Genau das passiert den Zwilling-Mädchen aber leider häufig, weshalb sie dann für andere Menschen oberflächlich und wenig ernsthaft wirken!

Der Zwilling-Junge

Zwilling-Jungen sind nicht ganz so kompliziert wie Zwilling-Mädchen, sie haben aber auch ihre Ecken und Kanten! Weil sie, wie alle Zwillinge, sehr interessiert an vielen Dingen sind, wissen sie meist auch mehr als andere Menschen. Manchmal fehlt den Zwilling-Jungen allerdings ein bisschen Bescheidenheit und sie zeigen ihr Wissen dann voller Stolz.

Zwilling-Jungen sind ausgesprochen kontaktfreudig, sie lernen ohne Probleme Mädchen kennen und werden von anderen Jungen deshalb auch oft beneidet. Gerade wenn es um die Liebe geht, haben Zwilling-Jungen ganz oft das gleiche Problem wie Zwilling-Mädchen: Sie langweilen sich nämlich recht schnell! Für die Freundin eines Zwilling-Jungen ist das nicht immer einfach, denn sie muss sich ständig anstrengen! Was es noch ein bisschen schwieriger macht, ist die Unentschlossenheit mancher Zwilling-Jungen. Sie meinen es zwar nicht böse und wollen ein Mädchen auch niemals verletzen – wenn sie aber gestern noch

ganz sicher waren, kann es sein, dass sie heute schon wieder daran zweifeln! Wenn Zwilling-Jungen aber eine Freundin haben, die ihnen ganz klar sagt, „wo es langgeht", werden sie sehr anschmiegsam und treu!

Die Farbe des Zwillings

Die Farbe aller Zwillinge ist Rot. Diese starke Farbe macht manche Menschen zwar aggressiv, den Zwillingen verhilft sie aber zu etwas mehr Ruhe.

Die Steine des Zwillings

Zwillinge haben drei Steine: Goldfluss, Perlmutt und Tigerauge. Besonders das Tigerauge wirkt bei Zwillingen besonders gut! Es nimmt ihnen die manchmal schreckliche Nervosität, macht sie ein wenig geduldiger und etwas zurückhaltender.

Diese Sternzeichen passen besonders gut zum Zwilling:

- Widder
- Löwe
- Zwilling
- Waage
- Wassermann
- Schütze (Vorsicht: Ein Schütze kann sehr gut, aber auch sehr schlecht zu einem Zwilling passen!)

Diese Sternzeichen passen nicht besonders gut zum Zwilling:

- Jungfrau
- Fische
- Stier
- Krebs
- Skorpion
- Steinbock
- Schütze (Denke bitte daran: Ein Schütze kann sehr gut, aber eben auch ziemlich schlecht zu einem Zwilling passen!)

Zauber für den Zwilling

Du siehst – Zwillinge haben ein paar Schwächen, die sie aber mit dem passenden Zauber sehr gut ausgleichen können! Allerdings müssen alle Zwillinge schon zur stärkeren Version eines Zaubers greifen, damit er auch tatsächlich wirkt. Am besten ist ein Konzentrationszauber, der den Blick auf wichtige Dinge lenkt und dazu führt, dass der Zwilling sich nicht mehr so schnell verzettelt. Etwas komplizierter wird es allerdings, wenn es um die Liebe geht. Zwillinge brauchen einen Zauber, durch den sie überhaupt erst merken, dass sie wirklich verliebt sind. Damit sie das Interesse nicht zu schnell verlieren, ist aber auch ein Konzentrationszauber nötig. Ich habe deshalb einen Kombinationszauber ausgesucht, und zwar den starken Liebeszauber gegen Ablenkung. Er ist zwar einfach auszuführen, seine Wirkung ist allerdings wirklich ziemlich heftig! Deshalb darfst du ihn auf keinen Fall jeden Tag anwenden! In wichtigen Fällen setzt du ihn jeden zweiten Tag ein, ansonsten nur zum Wochenanfang und zum Wochenende!

Der Konzentrationszauber für wichtige Dinge

Für diesen Zauber brauchst du:
- *eine blaue Kerze*
- *eine rote Kerze*
- *eine Messerspitze Bohnenkraut*
- *drei Lorbeerblätter*
- *drei grüne Pfefferkörner (als Ersatz können schwarze Pfefferkörner dienen)*
- *ein Tigerauge (ersatzweise die beiden oder einen der anderen Sternzeichensteine)*
- *zwei Blätter weißes Papier*
- *einen roten Stift*

So funktioniert der Zauber
Zuerst zündest du die blaue Kerze an. Dann zeichnest du mit dem roten Stift drei Dreiecke nebeneinander auf ein Blatt Papier. Die Spitzen der Dreiecke müssen unbedingt nach oben zeigen!

In das linke Dreieck zeichnest du nun einen kleinen Kreis, in das rechte ein Quadrat und ins mittlere ein weiteres Dreieck. Entzünde nun die rote Kerze und schließe die Augen. Jetzt kommt der schwierigste Teil, für den du dir so viel Zeit nimmst, wie du brauchst! Du musst dich stark konzentrieren und in deiner Vorstellung einen roten Kreis entstehen lassen. Achte nicht auf die Zeit, es ist nur wichtig, dass du den roten Kreis siehst! Erst wenn du ihn wirklich siehst, kannst du die Augen wieder öffnen und das erste Lorbeerblatt in das linke Dreieck legen. Schließe die Augen wieder und lasse den Kreis erneut entstehen. Wenn du ihn deutlich siehst, öffnest du die Augen und legst das zweite Lorbeerblatt in das rechte Dreieck. Und noch einmal musst du die Augen schließen und dich, so stark es geht, auf den roten Kreis konzentrieren. Dieses Mal wird es dir wirklich schwer fallen – wenn du dich wirklich anstrengst, schaffst du es aber! Öffne die Augen wieder und gib nun zuerst etwas von dem Bohnenkraut auf das Lorbeerblatt im linken Dreieck, danach auf das Lorbeerblatt im rechten Dreieck. Jetzt nimmst du ein Pfefferkorn und legst es auf das Lorbeerblatt im linken Dreieck, danach legst du das zweite Pfefferkorn auf das Lorbeerblatt im rechten Dreieck. Zeichne den roten Kreis, den du dir vorhin vorgestellt hast, auf das zweite Blatt Papier. Diesmal muss es schnell gehen, du darfst dafür nicht länger als eine Minute brauchen! Jetzt legst du das dritte Lorbeerblatt in das mittlere Dreieck und gibst den Rest des Bohnenkrauts darauf. Anschließend legst zuerst das Tigerauge und dann das letzte Pfefferkorn in den roten Kreis auf dem zweiten Blatt Papier. Nun löschst du zuerst die blaue und danach die rote Kerze. Dein Zauber beginnt zu wirken, sobald die zweite Kerze erloschen ist!

Der starke Liebeszauber gegen Ablenkung

Für diesen Zauber brauchst du:
- *zwei rote Kerzen*
- *eine Kerze in der Sternzeichenfarbe des Menschen, um den es geht*
- *einen Rosenquarz*
- *eine Messerspitze Rosmarin*

- drei rote Pfefferkörner
- ein Foto des Menschen, um den es geht
- zwei Blätter weißes Papier
- einen roten Stift
- einen Stift in der Sternzeichenfarbe des Menschen, um den
  es geht

So funktioniert der Zauber

Zuerst entzündest du die beiden roten Kerzen. Auf das erste
Blatt schreibst du nun mit dem roten Stift deinen Vornamen.
Hast du mehrere Vornamen, musst du alle aufschreiben! Jetzt
legst du das Foto des Menschen, um den es geht, auf das Blatt,
und zwar so, dass du deinen Namen damit völlig verdeckst und
nicht mehr sehen kannst. Auf das zweite Blatt schreibst du mit
dem Stift in seiner Sternzeichenfarbe den Namen des betreffenden Menschen und entzündest danach die Kerze in seiner
Sternzeichenfarbe. Jetzt drehst du das zweite Blatt um, sodass
die Seite mit dem Namen unten liegt. Du legst das Blatt nun so
auf das Foto, dass der Name des anderen Menschen genau auf
seinem Foto liegt. Nun legst du die drei Pfefferkörner auf die
Stelle, wo das Foto unter dem Blatt versteckt ist. Die Körner
müssen dabei ein Dreieck bilden, dessen Spitze nach oben zeigt.
Schließe jetzt die Augen und konzentriere dich auf den Menschen. Je besser du sein Gesicht in deiner Vorstellung entstehen
lassen kannst, desto besser wirkt der Zauber! Öffne die Augen
wieder und streue den Rosmarin in das Dreieck aus Pfefferkör-
nern. Schließe die Augen wieder und konzentriere dich so stark
wie möglich auf das Gesicht des Menschen! Kannst du es deutlich sehen, sprichst du dreimal hintereinander langsam und leise seinen Namen. Öffne die Augen wieder und lege den Rosenquarz auf den Rosmarin. Nun wartest du dreißig Sekunden lang
und löschst erst die beiden roten Kerzen, dann die Kerze in der
Sternzeichenfarbe. Dein Zauber beginnt sofort zu wirken!

Der Krebs (22. Juni bis 22. Juli)

(K) rebse sind sehr empfindsame Menschen, vielleicht ist der Krebs sogar das empfindsamste und empfindlichste Sternzeichen überhaupt! Obwohl Krebse immer viele Freunde haben und gerne auf Partys gehen, brauchen sie viel Ruhe, weil sie alles gut überdenken müssen, bevor sie sich für oder gegen etwas entscheiden. Wenn sie aber einmal eine Entscheidung getroffen haben, dann stehen sie auch felsenfest dazu! Die meisten Krebse suchen Anlehnung und kuscheln gerne, zugleich sind sie aber auch manchmal ein bisschen verträumt und flüchten gerne in ihre eigene Welt. Wenn Krebse enttäuscht werden oder unsicher sind, dann tun sie das, was die Krebse in der Natur auch tun – sie ziehen sich in ihren Panzer zurück und lassen niemanden an sich heran. Nur wer sehr geduldig ist, schafft es, einen Krebs wieder aus seinem Haus zu locken. Krebse sind fast immer ziemlich häuslich, sie lieben lange Fernsehabende und kuscheln sich lieber gemütlich unter eine Decke, als mit Freunden um die Häuser zu ziehen.

Das Krebs-Mädchen

Krebs-Mädchen fallen fast immer dadurch auf, dass sie ein bisschen kühl wirken. Wer sie nicht kennt, könnte glauben sie seien arrogant, was aber gar nicht stimmt! In Wirklichkeit sind sie nur vorsichtig und schließen nicht mit jedem Menschen sofort Freundschaft. Bis es so weit kommt, kann es allerdings länger dauern, denn Krebs-Mädchen lassen sich viel Zeit, bevor sie jemandem vertrauen. Fast alle Krebs-Mädchen haben Phasen, in denen sie sich von ihrer Umwelt zurückziehen, am liebsten alleine sind und lesen oder einfach vor sich hin träumen. Das ist zwar ganz in Ordnung so, allerdings müssen die Krebs-Mädchen dabei aufpassen, nicht zu „eigenbrötlerisch" zu werden. Nicht alle Freunde oder Freundinnen haben nämlich genug Geduld, darauf zu warten, bis ein Krebs seinen Panzer endlich wieder verlässt! Weil Krebs-Mädchen lange über andere Menschen nachgrübeln, wissen sie meistens sehr gut über die Reaktionen ihrer Freunde und Freundinnen Bescheid. Sie sind selten überrascht von einem plötzlichen Streit oder einer zerbrochenen Liebe – meistens haben sie es schon lange vorher geahnt! Die Krebs-Mädchen haben eigentlich nur zwei Schwächen: die Neigung, sich völlig zurückzuziehen, und die Launenhaftigkeit! Solche Launen ärgern nicht nur die Umwelt – meistens haben die Krebs-Mädchen an ihren Launen nämlich selbst am meisten zu leiden! Sind Krebs-Mädchen von irgendetwas genervt (auch von sich selbst), ziehen sie sich in ihren sicheren Panzer zurück. Dort bekommt man sie kaum wieder heraus und häufig zerbricht eine Liebe oder Freundschaft daran, dass ein Krebs-Mädchen wochenlang nicht mehr richtig ansprechbar ist.

Der Krebs-Junge

Vieles, was für die Krebs-Mädchen gilt, gilt auch für die Krebs-Jungen! Sie sind zwar nicht ganz so sensibel und kommen mit Enttäuschungen manchmal auch besser zurecht, trotzdem verschwinden auch sie blitzschnell in ihrem Panzer, wenn sie sich nicht wohl fühlen. Krebs-Jungen sind meist ziemlich fleißig und kommen mit stressigen Situationen zurecht, in denen andere schon den Kopf in den Sand gesteckt haben. Oft werden sie deshalb auch als Streber verspottet – das ist allerdings Unsinn! Sie hassen nämlich nichts so sehr wie Streber und versuchen einfach nur, so gut wie möglich durchs Leben zu kommen. Genau wie Krebs-Mädchen, sind auch Krebs-Jungen treu in der Liebe. Es kann allerdings wirklich ewig dauern, bis sie sich für ein Mädchen entscheiden! Manche Krebs-Jungen sind auch ein bisschen schüchtern, obwohl man ihnen das auf den ersten Blick gar nicht anmerkt. Sie trauen sich nur ganz langsam und in kleinen Schritten vorwärts. Wenn ihr Traummädchen dann aber einen Fehler macht und vielleicht zu schnell reagiert, versuchen sie sofort, sich zurückzuziehen. Eigentlich versteht nur ein Krebs-Mädchen wirklich, wie ein Krebs-Junge denkt und was er fühlt. Wenn ein Mädchen aber wirklich Geduld aufbringt und sich nicht von den manchmal schlechten Launen des Krebs-Jungen abschrecken lässt, hat sie die besten Chancen, ihn auch zu erobern!

Die Farbe des Krebses

Die Farbe aller Krebse ist Grün. Diese Farbe muntert den Krebs auf, wenn er gerade wieder einmal in seiner Grübelei zu versinken droht. Obendrein macht sie ihn viel offener und nimmt ihm das Gefühl, sich zurückziehen zu müssen.

Die Steine des Krebses

Die Krebse haben fünf Steine: den Aventurin, den Goldfluss, die helle Jade, das Perlmutt und den Rosenquarz. Am stärksten wirkt bei allen Krebsen der Aventurin, das liegt vor allem daran, dass er schon in der richtigen Sternzeichenfarbe, einem wunderschönen Grün, schimmert!

Diese Sternzeichen passen besonders gut zum Krebs:

- Krebs
- Skorpion
- Fische
- Stier
- Jungfrau
- Steinbock (Achtung: Ein Steinbock passt entweder sehr gut oder gar nicht zu einem Krebs!)

Diese Sternzeichen passen nicht besonders gut zum Krebs:

- Zwilling
- Löwe
- Wassermann
- Schütze
- Widder
- Waage
- Steinbock (Wie gesagt: Ein Steinbock passt entweder sehr gut oder sehr schlecht zu einem Krebs!)

Der Krebs

Zauber für den Krebs

Keine Frage – Krebse brauchen zwei besonders starke Zauber! Zuerst einen gegen ihre häufig wirklich schlechte Laune, denn damit machen sie sich so manche Freundschaft oder Liebe kaputt! (Es gibt zwar einen sehr mächtigen Gute-Laune-Zauber: In meinem Buch „Zauberpower – Magische Hexentipps" findest du ihn auf Seite 98, der hilft den Krebsen aber nicht wirklich bei ihrem ganz besonderen Problem, deswegen muss es ein sehr spezieller Zauber sein!) Dann brauchen sie natürlich einen Liebeszauber, und auch für die Krebse habe ich wieder einen sehr mächtigen Kombinationszauber gefunden. Er hilft ihnen, sich im entscheidenden Augenblick nicht zurückzuziehen, sondern sich weiter zu trauen! Nur so können es die Krebse nämlich schaffen, den Traumtypen oder das tolle Mädchen auch wirklich zu bekommen!

Der starke Zauber gegen schlechte Laune

Für diesen Zauber brauchst du:
- *drei grüne Kerzen*
- *eine goldene Kerze*
- *einen grünen Stift*
- *eine Messerspitze Cumin (Cumin heißt auch Kreuzkümmel und du bekommst ihn im Asienladen)*
- *einen schwarzen Wollfaden, etwa einen halben Meter lang*
- *einen der Sternzeichensteine (ich habe den Aventurin gewählt, weil er am besten wirkt)*
- *ein weißes Blatt Papier*

So funktioniert der Zauber
Zuerst zündest du die goldene Kerze an. Nun zeichnest du zwei kleine grüne Kreise auf das Papier. Achte darauf, dass sie nah nebeneinander liegen, aber lasse noch ein bisschen Platz zwischen ihnen! Entzünde nun die erste grüne Kerze. Jetzt legst du den schwarzen Wollfaden so auf das Papier, dass ein geschlos-

sener Kreis um die beiden grünen Kreise entsteht. Nun nimmst du den Aventurin in die rechte Hand (wenn du Linkshänderin bist, in die linke Hand) und schließt die Augen. Konzentriere dich auf den Stein und halte ihn so lange fest, bis er beginnt, warm zu werden. Das kann einige Minuten dauern, aber je stärker du dich konzentrierst, desto schneller geht es! Erst wenn der Aventurin wirklich warm ist, öffnest du die Augen und legst ihn in den rechten grünen Kreis. Nun entzündest du die zweite grüne Kerze und streust das Cumin in den linken grünen Kreis. Jetzt legst du die Spitze deines linken Zeigefingers in den linken Kreis, die Spitze deines rechten kleinen Fingers auf den Aventurin im rechten Kreis. Achte darauf, dass du wirklich den richtigen Finger in den richtigen Kreis legst! Schließe nun die Augen und konzentriere dich auf den Aventurin unter deinem kleinen Finger. Wenn du spürst, wie die Wärme des Steins in deinen Finger steigt, beginnt der Zauber bereits zu wirken. Warte nun etwa ein halbe Minute lang, bis der Stein langsam wieder abkühlt. Nun öffnest du die Augen und nimmst deine Finger gleichzeitig aus beiden Kreisen. Lösche nun zuerst eine grüne Kerze, dann die goldene und zum Schluss die zweite grüne Kerze. Die volle Wirkung des Zaubers beginnt etwa nach zwei Minuten.

Der starke Liebeszauber gegen Angst

Für diesen Zauber brauchst du:
- *zwei rote Kerzen*
- *eine lila Kerze*
- *eine grüne Kerze*
- *ein Rosenblatt (du kannst auch ein getrocknetes verwenden)*
- *jeweils ein rotes, ein grünes und ein schwarzes Pfefferkorn*
- *eine Messerspitze getrocknete Petersilie*
- *einen Rosenquarz*
- *drei Teelöffel feinen, sauberen Sand (zum Beispiel aus dem Sandkasten eines Spielplatzes)*
- *ein weißes Blatt Papier*
- *einen roten Stift*
- *einen schwarzen Stift*

So funktioniert der Zauber

Zuerst entzündest du die grüne Kerze. Dann zeichnest du mit dem schwarzen Stift drei Kreise, die etwa auf einer geraden Linie liegen, auf das Blatt. Mit dem roten Stift zeichnest du nun einen weiteren Kreis daneben. Jetzt entzündest du die erste der roten Kerzen. Gib nun jeweils einen Teelöffel des Sandes in jeden der drei schwarzen Kreise. In den roten Kreis legst du das Rosenblatt und entzündest danach die zweite rote Kerze. Nimm nun das rote Pfefferkorn und lege es auf das kleine Sandhäufchen im linken der vier Kreise. Das grüne Pfefferkorn legst du auf den Sand im Kreis daneben und das schwarze auf den Sand im dritten schwarzen Kreis. Schließe nun die Augen und konzentriere dich auf den Menschen, in den du verliebt bist. Du darfst die Konzentration nicht unterbrechen, bis du das Bild in deiner Vorstellung gut sehen kannst! Je genauer du es siehst, desto besser wirkt der Zauber! Öffne die Augen wieder und lege das Rosenblatt in den roten Kreis, streue anschließend die getrocknete Petersilie darauf. Dann entzündest du die lila Kerze und legst den Rosenquarz langsam auf die Petersilie. Warte etwa eine halbe Minute und lösche danach zuerst die beiden roten, dann die grüne und zum Schluss die lila Kerze. Wenige Minuten später kannst du merken, wie die Wirkung des Zaubers einsetzt.

Der Löwe (23. Juli bis 22. August)

L öwen gehören nicht gerade zu den ruhigsten Sternzeichen, obwohl man ihnen das auf den ersten Blick gar nicht anmerkt. Sie wirken zwar ruhig, in Wirklichkeit sind sie aber sehr aktiv und am liebsten dauernd unterwegs. Weil sie auch ziemlich gesellig sind, findet man sie fast immer auf Partys und dort bleiben sie nie lange alleine. Löwen können andere Menschen leicht beeindrucken, deshalb haben sie fast immer eine ganze Menge „Fans" um sich herum, von denen sie bewundert werden. Nur wenige Löwen sind zurückhaltend, die meisten sind eher kämpferisch und zeigen ihrer Umwelt gerne, dass man lieber keinen Ärger mit ihnen sucht. Allerdings sind Löwen auch im schlimmsten Streit immer fair – niemals benutzen sie hinterhältige Tricks oder stellen ihren Gegnern fiese Fallen! Löwen sind gute Schauspieler und es fällt ihnen leicht, andere Menschen völlig in die Irre zu führen. Sie sind zwar eigentlich immer ehrlich – haben aber manchmal Angst davor, anderen Menschen ihr wahres Wesen zu zeigen. Deshalb spielen sie dann lieber eine Rolle, hinter der sie sich gut verstecken können. Nur jemandem, dem ein Löwe vertraut, zeigt er sein wahres Gesicht und seine Liebe.

Das Löwe-Mädchen

Löwe-Mädchen sind fast immer sehr anspruchsvoll und wissen ganz genau, was sie wollen und was nicht! Wenn ein Löwe-Mädchen sich gegen einen Jungen entschieden hat, dann kann er noch so toll und nett sein – er hat erst mal keine Chance mehr! Löwe-Mädchen suchen sich meist Freunde, die ihnen überlegen sind, und können es nicht leiden, wenn ein Junge „Schwächen" zeigt. Ist ein Löwe-Mädchen trotzdem mit einem solchen Jungen zusammen, wird sie früher oder später eine der großen Schwächen der Löwen zeigen – sie wird herrschsüchtig! Weil Löwe-Mädchen unglaublich charmant sind, wissen sie auch immer, wie sie ihr Ziel erreichen können. Klappt das nicht mit Freundlichkeit, dann fahren sie ihre Krallen aus und setzen ihre Vorstellungen auch mal in einem Kampf durch! Normalerweise sind Löwe-Mädchen aber weder streitsüchtig, noch aggressiv – ganz im Gegenteil! Sie lieben romantische Spaziergänge genauso wie witzige Partys, liegen gerne stundenlang mit einem guten Buch auf der Couch oder führen lange Gespräche mit ihren Freundinnen. Wie alle Löwen, so spielt auch das Löwe-Mädchen gerne verschiedene Rollen. Mal versteckt sie sich hinter der Maske der Kühlen und Unnahbaren, dann wieder ist sie plötzlich das super-brave und herzliche Mädchen. Einen Jungen, der sich für sie interessiert, kann das ziemlich verwirren – es sei dann, er durchschaut sie! Kennt er ihre Tricks, dann lässt sie blitzschnell die Maske fallen und zeigt sich so, wie sie wirklich ist!

Der Löwe-Junge

Löwe-Jungen sind ziemlich lebhaft und von sich selbst überzeugt. Sie zeigen anderen Menschen gerne, was sie können, und das ist meistens eine ganze Menge! Sie sind sehr treu, allerdings legt ein Löwen-Junge Wert darauf, dass andere seine Freundin bewundern. Löwe-Jungen sind gute und zuverlässige Freunde – und wer die Freunde eines Löwe-Jungen beleidigt, der beleidigt auch den Löwe-Jungen selbst! Wann immer jemand aus ihrem Freundeskreis in Not gerät, sind sie zur Stelle und sie legen sich mit jedem an, der eine Bedrohung sein könnte. Sie sind mutig, aber manchmal leider auch ziemlich leichtsinnig! Löwe-Jungen lieben alles, was sie besitzen, ob das ein Snowboard, die CD-Sammlung oder der nagelneue Scooter ist. Dabei machen sie aber manchmal den gleichen Fehler wie Stier-Jungen und übersehen, dass sie einen Menschen niemals besitzen können! Auch wenn eine Freundschaft mit dem Löwe-Jungen sonst ganz toll sein kann, kommt es wegen diesem einen Punkt dummerweise immer wieder zum Streit! Genau wie

Löwe-Mädchen lieben es auch die Löwe-Jungen, verschiedene Rollen zu spielen. Meistens sind sie dabei übrigens die tollen Typen, die alles schaffen und sich von nichts unterkriegen lassen. Das ist auf den ersten Blick irgendwie sympathisch und Löwe-Jungen werden deshalb auch meistens ziemlich angehimmelt. Wenn sie ihre Maske aber mal fallen lassen und sich so zeigen, wie sie wirklich sind, kann das für ein Mädchen schon ganz schön überraschend sein!

Die Farbe des Löwen

Die Farbe aller Löwen ist Rosa. Diese Farbe hilft besonders den Löwen, die gerne kämpfen und streiten, zu etwas mehr Friedlichkeit. Eigentlich sollten alle Löwen diese Farbe so häufig wie möglich tragen – Löwe-Jungen haben es dabei natürlich ein bisschen schwieriger. Anstelle von rosa Kleidung können sie aber ganz einfach rosa Steine verwenden!

Die Steine des Löwen

Zum Sternzeichen des Löwen gehören sechs Steine – die wichtigsten und wirkungsvollsten sind aber der Achat und der Bergkristall. Sie helfen einem Löwen, seine Maske schneller abzulegen und etwas von seiner Herrschsucht zu verlieren. Auch wenn die Nebensteine, Goldfluss, Perlmutt, Tigerauge und Rosenquarz, eine weniger starke Wirkung haben, kannst du sie sehr sinnvoll einsetzen! Wenn du zum Beispiel Tigerauge und Goldfluss miteinander kombinierst, erreichst du fast die gleiche Wirkung wie mit dem Achat!

Wie gesagt, haben es die Löwe-Jungen mit der Farbe Rosa ein bisschen schwieriger als die Löwe-Mädchen; am besten tragen Löwe-Jungen daher einfach einen kleinen Rosenquarz an einem Lederriemen um den Hals oder als Trommelstein in der Hosentasche mit sich.

Diese Sternzeichen passen besonders gut zum Löwen:

- Zwilling
- Waage
- Löwe
- Schütze
- Widder
- Wassermann (Vorsicht: Ein Wassermann kann besonders gut, aber auch wirklich schlecht zu einem Löwen passen!)

Diese Sternzeichen passen nicht besonders gut zum Löwen:

- Krebs
- Steinbock
- Stier
- Jungfrau
- Fische
- Skorpion
- Wassermann (du kennst das Problem)

Zauber für den Löwen

Für alle Löwen ist ein Zauber besonders wichtig: der gegen zu viele Rollenspiele! Löwen schützen damit zwar ihr manchmal sehr verletzliches Inneres – sie können sich aber in ihren Rollenspielen auch schnell verlieren. Das wäre schlimm, denn damit geht ihnen das Verständnis für sich selbst auch verloren! Weil Löwe-Mädchen und Löwe-Jungen diese Rollen am liebsten spielen, wenn sie verliebt sind, kann das zu Problemen führen! Wie soll der andere Mensch denn schließlich wissen, mit wem er es wirklich zu tun hat, wenn er immer eine Rolle vorgespielt bekommt? Damit diese Probleme gar nicht auftreten können, habe ich einen sehr mächtigen Kombinationszauber ausgewählt:

den starken Liebeszauber für mehr Realität. Für die zweite kleine Schwäche der Löwen – den Wunsch, andere Menschen zu beherrschen, gibt es einen alten und besonders wirkungsvollen Zauber, den ich dir jetzt auch gleich zeigen werde.

Der einfache Zauber gegen Herrschsucht

Für diesen Zauber brauchst du:
- *drei gelbe Kerzen*
- *einen Teelöffel getrocknete Petersilie*
- *drei getrocknete Wacholderbeeren*
- *eine Messerspitze gemahlenen Zimt*
- *ein kleines Stück trockenes Holz (ein kleines Stück von einem Zweig genügt: Es muss nicht länger als fünf Zentimeter sein, merke dir sehr genau, woher du es hast, du musst nämlich auf jeden Fall wieder dorthin zurückfinden)*
- *einen Fingerhut mit kaltem Wasser*
- *zwei Blätter weißes Papier*
- *einen rosa Stift*

So funktioniert der Zauber
Zünde die erste gelbe Kerze an und schreibe deinen Vornamen auf das erste Blatt Papier, drehe es um und schreibe ihn auch auf die Rückseite. Zünde die zweite gelbe Kerze an und zeichne einen großen und drei kleine Kreise auf das zweite Blatt Papier. Der große Kreis muss oben stehen und die drei kleinen in einer Reihe darunter! Nimm nun mit der Fingerspitze etwas Wasser aus dem Fingerhut und bestreiche das Holzstückchen damit von oben nach unten. Dazu sprichst du leise und langsam die Formel:

„Was auch immer ich grad tu',
bin doch kein anderer Mensch als du."

Jetzt wickelst du das Holzstückchen in das Papier mit deinem Namen und legst es vor dich. Lege die Wacholderbeeren in die kleinen Kreise und die Petersilie in den großen Kreis. Dabei muss die Hälfte des großen Kreises frei bleiben! Nun entzündest du die letzte gelbe Kerze und sprichst die Formel danach ein weiteres Mal. Streue nun den Zimt in die freie Hälfte des großen Kreises. Setze die Spitze deines rechten Mittelfingers auf den Zimt. Schließe die Augen und sprich die Formel ein drittes Mal. Lösche alle drei Kerzen hintereinander und warte etwa ein halbe Minute lang. Jetzt nimmst du das Papier mit dem Holz und bringst es an die Stelle zurück, wo du es gefunden hast. Hier wickelst du es aus dem Papier und legst es so genau wie möglich an die Stelle zurück, an der es lag. Wenn du es nicht gleich wieder an diese Stelle zurückbringen kannst, legst du es an einen dunklen Ort. Spätestens nach einem Tag musst du es aber an die Fundstelle zurückbringen, sonst verliert der Zauber seine Wirkung!

Der starke Liebeszauber für mehr Realität

Für diesen Zauber brauchst du:
  - *zwei rote Kerzen*
  - *eine weiße Kerze*
  - *eine rosa Kerze*
  - *eine Kerze in der Sternzeichenfarbe des Menschen, um den es geht*
  - *einen kleinen Gegenstand, den der Mensch benutzt hat (das kann zum Beispiel ein Stift sein, oder ein Radiergummi)*
  - *drei rote Pfefferkörner*
  - *drei Teelöffel Rosmarin*
  - *ein Blatt weißes Papier*
  - *einen rosa Stift*
  - *einen blauen Stift*
  - *einen Esslöffel voll sauberen trockenen Sand (er darf auf gar keinen Fall kleben)*

So funktioniert der Zauber
Zünde zuerst die roten Kerzen an. Auf das Blatt Papier schreibst du jetzt deinen Vornamen und darunter den des Menschen, um

den es geht. Achte darauf, dass zwischen euren beiden Namen drei Finger breit Platz bleibt! Ziehe nun mit dem rosa Stift einen Kreis um deinen Namen und entzünde die weiße Kerze. Jetzt zeichnest du ein Rechteck um den Namen des anderen Menschen – der Kreis und das Rechteck dürfen sich aber auf keinen Fall berühren! Zünde nun die Kerze in der Sternzeichenfarbe an und lege sofort danach den Gegenstand des betreffenden Menschen in das Rechteck. Du musst dabei die Spitze deines rechten Zeigefingers auf dem Gegenstand liegen lassen. Schließe die Augen und sprich leise, aber deutlich die Formel:

> *„Willst du mich sehen,*
> *und willst du verstehen,*
> *dann finde den Sinn,*
> *denn ich bin wie ich bin."*

Du darfst die Formel nicht heimlich ablesen, du musst sie wirklich auswendig können! Öffne die Augen wieder und zeichne mit dem blauen Stift einen weiteren Kreis um den Kreis mit deinem eigenen Namen. Nun bedeckst du deinen Namen mit dem Sand (dein Name darf unter dem Sand nicht mehr zu sehen sein) und legst sofort danach die drei Pfefferkörner in das Rechteck mit dem Namen des anderen Menschen. Nun streust du den Rosmarin sehr vorsichtig genau auf die Seiten des Rechtecks. Die Seiten müssen ganz bedeckt sein! Schließe die Augen und wiederhole die Formel leise. Jetzt wischst du so viel vom Sand weg, dass dein Name wieder zu sehen ist, und sprichst die Formel ein weiteres Mal. Wichtig ist dabei, dass du diesmal die Augen geöffnet lässt und deinen Namen auf dem Blatt ansiehst. Lösche nun zuerst die beiden roten Kerzen, dann die rosa und danach die weiße Kerze. Nimm den Gegenstand aus dem Rechteck und bedecke ihn mit deiner rechten Hand und lösche nun auch die Kerze in der Sternzeichenfarbe. Der Zauber beginnt sofort zu wirken!

Die Jungfrau
(23. August bis 23.September)

J ungfrauen sind „Kopfmenschen"! Sie haben einen scharfen Verstand und vertrauen ihm meistens mehr als ihren Gefühlen. Was auch immer Jungfrauen tun – sie überlegen es sich vorher ziemlich genau. Das ist auch der Grund, warum Jungfrauen manchmal für arrogant oder überheblich gehalten werden. Dabei denken sie einfach nur mit und können deshalb oft sehr genau sagen, was passieren wird. Das ist aber keine Besserwisserei, sondern eben einfach Wissen! Jungfrauen lieben eine gewisse Art von Ordnung und machen deshalb fast alles nach einem bestimmten System. Einige Jungfrauen werden dabei zu richtigen Perfektionisten und gehen anderen Menschen damit manchmal ganz schön auf die Nerven. Bei Jungfrauen funktioniert allerdings nicht alles über den Kopf, der Verstand hilft ihnen lediglich dabei, ihre eigene Verletzlichkeit zu verstecken. Sie können nämlich nicht besonders gut mit Misserfolgen und Fehlern umgehen – wenn mal etwas schief geht, sind Jungfrauen wirklich völlig am Boden zerstört. Wenn sie vorher alles analysieren und so perfekt wie möglich machen, passieren auch keine Fehler und sie fühlen sich wohl!

Das Jungfrau-Mädchen

Vor Jungfrau-Mädchen haben die meisten Jungen Respekt – und das zu Recht! Sie sind zwar eher zurückhaltend, kommt es aber drauf an, stecken sie mit ihrem Verstand die meisten Jungen ganz lässig in die Tasche! Jungfrau-Mädchen sind ganz oft der seelische Beistand für ihre Freunde und Freundinnen. Sie verstehen Probleme eben nicht nur vom Gefühl her, sondern auch mit dem Kopf und können deshalb fast immer wirklich gute Ratschläge geben. Nur wenn sie selbst mal Probleme haben, wird es schwierig, denn selbst Menschen mit einem schar-

fen Verstand brauchen manchmal Hilfe. Genau damit haben Jungfrau-Mädchen aber Schwierigkeiten: sie trauen sich nicht, nach dieser Hilfe zu fragen. Stattdessen verstricken sie sich immer mehr in ihr Problem und sind natürlich ziemlich verzweifelt, wenn sie es zum Schluss doch nicht alleine lösen können. Manche Jungfrau-Mädchen haben starke Minderwertigkeitskomplexe – und das ganz ohne Grund! Leider können sie aber nicht selbst sehen, dass sie hübsch und intelligent sind. Schwierig wird es, wenn Jungfrau-Mädchen mit einem Jungen zusammen sind, der nicht genug Rücksicht auf sie nimmt und nicht auf sie eingeht. Dann nämlich können Jungfrau-Mädchen richtig zickig werden, sie nörgeln an vielen Dingen herum, sind mit nichts zufrieden und ziehen sich irgendwann völlig zurück. Ein echter Problemlöser ist also der richtige Freund – dann sind Jungfrau-Mädchen nämlich wie befreit und können alle ihre Fähigkeiten in diese Freundschaft einbringen!

Der Jungfrau-Junge

Jungfrau-Jungen und Jungfrau-Mädchen sind sich bezüglich der typischen Jungfrau-Probleme sehr ähnlich. Das ist auch der Grund, weshalb eine Verbindung von Jungfrauen untereinander so positiv ist: Eigentlich kann ein Jungfrau-Junge am besten verstehen, was in einem Jungfrau-Mädchen vorgeht! Jungfrau-Jungen sind nicht ganz so zurückhaltend wie Jungfrau-Mädchen und werden auch mit Fehlschlägen ein bisschen besser fertig. Was allerdings manchmal ein echtes Hindernis darstellen kann, ist die Tatsache, dass es Jungfrau-Jungen sehr schwer fällt, über ihre Probleme zu sprechen. Das tun sie sogar mit den besten Freunden nur selten – mit ihren Freundinnen so gut wie nie! Haben Jungfrau-Jungen allerdings die richtige Freundin gefunden, werden sie plötzlich gesprächig und rücken mit ihren Sorgen und Problemen heraus! Tatsächlich sind Jungfrau-Jungen sogar sehr verschmust, es fällt ihnen aber nicht wirklich leicht, sich auch mal völlig zu entspannen. Und auch hier gilt genau das Gleiche wie für Jungfrau-Mädchen: Haben sie einmal die richtige Freundin gefunden, lösen sich diese Probleme ziemlich schnell von selbst!

Die Farbe der Jungfrau

Die Farbe der Jungfrauen ist Braun – die Hexen des Mittelalters nannten sie übrigens „Erdfarbe". Braun beruhigt die Zweifel der Jungfrauen und lässt sie damit auch sehr viel lockerer werden.

Die Steine der Jungfrau

Zum Sternzeichen der Jungfrau gehören sieben Steine: der Blauquarz, der Dumortierit, der Goldfluss, die helle Jade, das Perlmutt, das Tigerauge und der gelbe Jaspis. Das Beste daran: Alle diese Steine sind fast gleich stark, es gibt also keine Unterscheidung in Haupt- und Nebensteine. Schon die ganz frühen Hexen wussten allerdings, dass das Tigerauge wegen seiner leicht bräunlichen Farbe am besten zur Jungfrau passt. Wenn du eine besonders typische Jungfrau bist, solltest du übrigens auf jeden Fall immer zwei Steine gleichzeitig tragen, um die Wirkung zu verstärken!

Diese Sternzeichen passen besonders gut zur Jungfrau:

- Jungfrau
- Stier
- Steinbock
- Skorpion
- Krebs
- Fische (Achtung: Ein Fisch passt entweder besonders gut oder eher ziemlich schlecht zu einer Jungfrau!)

Diese Sternzeichen passen nicht besonders gut zur Jungfrau:

- Wassermann
- Waage
- Löwe
- Widder

- Schütze
- Zwilling
- Fische (Nicht vergessen: Ein Fisch passt entweder sehr gut oder eben gar nicht zu einer Jungfrau!)

Zauber für die Jungfrau

Bei Jungfrauen sieht man ja wirklich nicht auf den ersten Blick, (manchmal nicht mal auf den zweiten oder dritten), dass sie sich ganz häufig unsicher fühlen und deshalb ganz unnötigerweise Minderwertigkeitsgefühle haben. Die Jungfrauen brauchen also einen Zauber, der ihnen mehr Selbstbewusstsein gibt! Das alleine reicht aber noch nicht, denn auch mit mehr Selbstbewusstsein machen Jungfrauen sich das Leben manchmal sehr schwer – weil sie einfach viel zu viel nachdenken! Ich habe deshalb einen besonders starken Kombinationszauber für mehr Selbstbewusstein und Lockerheit ausgewählt, den du allerdings auch nur jeden zweiten Tag anwenden darfst! Wenn Jungfrauen sich verlieben, brauchen sie ebenfalls einen sehr mächtigen Zauber! Er hilft ihnen, ihre Zweifel beiseite zu lassen und sich wirklich zu öffnen. Denke aber bitte bei beiden Zaubern daran, dass sie ausgesprochen mächtig und deshalb nicht für den täglichen Gebrauch bestimmt sind! Beide Zauber dürfen nur jeden zweiten Tag ausgeführt werden – am besten wechselst du die Zauber also jeden Tag ab und lässt damit immer einen Tag Pause.

Der starke Zauber für Selbstbewusstein und Lockerheit

Für diesen Zauber brauchst du:
- *eine braune Kerze*
- *eine weiße Kerze*
- *eine goldene Kerze*
- *eine Messerspitze gemahlenen Anis*
- *einen Teelöffel gemahlenen Dill*
- *ein weißes Blatt Papier*
- *einen braunen Stift*
- *einen roten Stift*
- *einen der Sternzeichensteine (ich selbst nehme für diese Zauber übrigens am liebsten das Tigerauge oder den Blauquarz)*
- *drei kleine Holzstäbchen (am besten nimmst du Zahnstocher)*

So funktioniert der Zauber

Zuerst entzündest du die braune Kerze und lässt sie etwa eine Minute lang brennen. Nun zeichnest du drei Striche auf das Papier, die so angeordnet sein müssen, dass sie einen Stern mit drei Zacken bilden. In der Mitte des Sterns muss eine kleine Fläche frei bleiben – etwa so groß, dass du einen Ring hineinlegen könntest. Lege nun zuerst den Sternzeichenstein in die freie Fläche, gib danach vorsichtig den Anis darauf und zünde dann die weiße Kerze an. Nun legst du das erste Holzstäbchen genau auf eine der drei Linien, die du gezeichnet hast. Es spielt keine Rolle, welche Linie das ist – das Stäbchen muss aber ganz genau auf der Linie liegen! Du schließt jetzt die Augen und musst dich sehr stark auf die drei Linien und den Anis in der Mitte konzentrieren. Denke so lange daran, bis du das Bild mit den Linien in deiner Vorstellung genau sehen kannst. Wenn du das Gefühl bekommst, dass irgendwas an diesem Bild fehlt, öffnest du die Augen wieder. Gib nun vorsichtig den gemahlenen Dill auf den Anis und lege das zweite Holzstäbchen auf die nächste Linie. Du schließt die Augen und musst dich wieder ganz stark auf das Bild konzentrieren! Jetzt kannst du ganz deutlich spüren, dass das Bild fast vollständig ist, aber immer noch eine Kleinigkeit fehlt. Öffne nun die Augen und zünde die goldene Kerze an. Du weißt, was an dem Bild fehlt: das dritte Stäbchen! Lege es vorsichtig auf die letzte Linie und schließe die Augen wieder. Nun kannst du spüren, dass das Bild vollständig ist, dass nichts mehr fehlt und alles an seinem Platz liegt! Halte die Augen geschlossen und präge dir das Bild so gut wie möglich ein. Jetzt kannst die Augen wieder öffnen und die braune Kerze lö-

schen. Betrachte das Bild mit den Linien noch einmal genau und lösche dann auch die anderen Kerzen. Warte noch etwa eine halbe Minute und nimm dann den Sternzeichenstein in die Hand. Warte, bis er beginnt, warm zu werden, und dein Zauber wirkt bereits! Am besten trägst du den Stein ab jetzt in der Hosentasche mit dir. Wenn du in eine Situation gerätst, in der du dich unsicher fühlst oder glaubst, du bist zu verkrampft, nimmst du den Stein in die Hand (es genügt auch schon, wenn du ihn mit den Fingern leicht berührst) und denkst an das Bild mit den drei Linien! Wenn du es in deiner Vorstellung siehst, beginnt der Zauber für einige Minuten wieder stärker zu wirken!

Der starke Liebeszauber gegen Zweifel

Für diesen Zauber brauchst du:
- *zwei rosa Kerzen*
- *eine braune Kerze*
- *eine rote Kerze*
- *eine Kerze in der Sternzeichenfarbe des Menschen, um den es geht*
- *eine Messerspitze Estragon*
- *eine Messerspitze getrockneten Fenchel (du kannst auch Fencheltee aus einem Teebeutel nehmen)*
- *eine Messerspitze Koriander*
- *ein Stück schwarzen Faden (etwa einen Meter lang)*
- *zwei der Sternzeichensteine (für diesen Zauber nehme ich übrigens am liebsten den Goldfluss)*
- *drei Papierdreiecke (die Seitenlänge jedes Dreiecks muss acht Zentimeter betragen)*
- *einen roten Stift*

So funktioniert der Zauber

Zuerst entzündest du die braune Kerze. Dann legst du die Papierdreiecke so vor dich, dass sie wieder ein Dreieck bilden. Achte darauf, dass sich die Dreiecke auf keinen Fall berühren, sondern lasse am besten je einen oder zwei Zentimeter Platz zwischen ihnen! In das oberste Dreieck schreibst du nun deinen Vornamen. Hast du mehrere Vornamen, schreibst du nur den ersten! Entzünde jetzt die erste rosa Kerze und schreibe in das rechte der beiden unteren Dreiecke den Vornamen des Menschen, um den es geht. Hat er auch mehrere Vornamen, schreibst du wieder nur den ersten! Nun zündest du die zweite rosa Kerze an und legst einen der Sternzeichensteine in das Dreieck mit deinem Namen, den zweiten in das mit dem Namen des anderen Menschen. Gib nun den Estragon auf das Dreieck mit deinem Namen und danach den Fenchel auf das mit dem Namen des anderen Menschen. Jetzt schreibst du in das letzte Dreieck (also das unten links) zuerst deinen Namen und dann direkt darunter den des anderen Menschen. Entzünde nun die Kerze in der Sternzeichenfarbe und danach erst die rote Kerze. Achte dabei unbedingt auf diese Reihenfolge! Nun legst du den schwarzen Faden in einem Kreis um die Dreiecke. Du darfst den Kreis nicht offen lassen, sondern musst die Enden des Fadens so aufeinander legen, dass er geschlossen ist! Nun sprichst du leise und langsam eure beiden Namen aus, so wie sie im linken unteren Dreieck stehen. Der Zauber beginnt zu wirken, sowie du den Koriander über eure beiden Namen im Dreieck streust! Bist du damit fertig, löschst du erst die rote Kerze und danach alle anderen.

Die Waage
(24. September bis 23. Oktober)

W aagen sind sehr diplomatische Menschen, die gerne versuchen, Streit zu vermeiden oder zu schlichten. Sie sind sehr harmoniebedürftig und kommen mit schlechten Stimmungen im Freundeskreis gar nicht gut zurecht. Und noch etwas können sie gar nicht vertragen: Ungerechtigkeit! Wenn Waage-Menschen mitbekommen, dass jemand ungerecht behandelt wird, sind sie sofort zur Stelle und setzen sich für mehr Gerechtigkeit ein. Sieh dir einmal die Sternzeichen von Klassensprechern in der Schule an – ziemlich wahrscheinlich ist ein großer Teil von ihnen Waage! Als Freunde sind Waagemenschen treu und ehrlich – sie können ihren Freunden auch mal eine unangenehme Wahrheit ins Gesicht sagen, wobei sie immer sehr diplomatisch sind und nie verletzend werden! Normalerweise sind die Waagen bei aller Höflichkeit aber auch sehr kritische Menschen, die sich nicht so leicht täuschen lassen. Manchmal allerdings sitzen sie fast schon in einer Traumwelt, in der es keinen Streit gibt und alles supertoll ist. Und genau das kann ein echtes Problem für Waagen werden: Sie verlieren dann den Blick für die Realität und werden deshalb auch sehr häufig enttäuscht!

Das Waage-Mädchen

Waage-Mädchen werden von Jungen manchmal als „Luxusfrauen" bezeichnet, was natürlich völliger Unsinn ist! Sie haben zwar meistens ziemlich hohe Ansprüche und genießen schöne Dinge, sie sind aber keine verzärtelten Geschöpfe und auch nicht empfindlicher als andere Mädchen. Sie mögen es allerdings überhaupt nicht, wenn ein Junge sich völlig daneben benimmt oder sie plump anspricht! Waage-Mädchen legen schon ein bisschen Wert auf Stil, sie mögen es einfach, wenn sich Jungen gut benehmen können. Wenn es darum geht, sich zu verlieben, fühlen Waage-Mädchen sich also immer ein bisschen mehr zu einem „netten" Jungen hingezogen als zu einem Draufgänger! Waage-Mädchen sind zwar sehr treu, sie haben aber auch einen starken Drang nach Unabhängigkeit. Auch wenn sie sehr verliebt sind, wollen sie trotzdem noch ihre Freunde und Freundinnen treffen und nicht nur mit ihrem Freund zusammenhängen. Wenn ein Junge das nicht akzeptiert oder damit nicht zurechtkommt, wird ein Waage-Mädchen eher ihre große Liebe aufgeben als ihre besten Freunde. Ein echtes Problem fast aller Waage-Mädchen ist, dass sie manchmal einfach zu hohe Ansprüche stellen. Sie träumen vom edlen Ritter, der sie auf dem weißen Pferd in sein Schloss holt, und sehen gar nicht, dass der Junge von nebenan tatsächlich existiert und ein toller Typ sein könnte! Je mehr ein Waage-Mädchen sich in solche Träume vertieft, desto mehr verliert es aber auch den Bezug zur Realität! Für alle zukünftigen Freundschaften ist das ziemlich schlecht, denn das Waage-Mädchen wird nie mit einem Freund wirklich zufrieden sein und bei solchen Ansprüchen natürlich auch immer enttäuscht werden! Manche Waage-Mädchen reagieren aber auch ganz anders. Weil sie glauben, dass sie sowieso keinen Jungen finden, der ihren Ansprüchen gerecht wird, werden sie leichtsinnig. Sie „probieren" dann alle möglichen Jungen aus, und weil sie so natürlich nie den „Richtigen" finden, werden sie dabei immer einsamer!

Der Waage-Junge

Waage-Jungen sind fast immer sehr charmant und haben deshalb auch nie Schwierigkeiten, Mädchen kennen zu lernen. Genau wie Waage-Mädchen mögen auch Waage-Jungen die schönen Dinge des Lebens und suchen sich eher Freundinnen aus, die einen eigenen guten Stil haben. Normalerweise sind Waage-Jungen niemals arrogant und behandeln andere Menschen nicht von oben herab. Wenn sie sich aber in einer Umgebung nicht wohl fühlen oder unsicher sind, dann kann das schon mal

passieren. Auch wenn Waage-Jungen nicht wirklich kompliziert oder zickig sind, scheint es manchmal so, als sei es schwer, sie näher kennen zu lernen. Das Geheimnis der Waage-Jungen ist aber ganz einfach: Sie warten nämlich, bis sie angesprochen werden! Dazu gehört natürlich schon eine Portion Mut – schließlich will sich ja niemand gerne eine Absage einhandeln! Als Freunde sind Waage-Jungen sehr treu und ehrlich – sie langweilen sich aber auch ziemlich schnell, wenn sie keine Herausforderung mehr finden. An Mädchen, die es ihnen zu einfach machen, verlieren Waage-Jungen deshalb auch schnell das Interesse. Die Schwachstellen der Waage-Jungen sind dieselben, wie die der Waage-Mädchen – sie leben manchmal einfach in einer Traumwelt! Bei Waage-Jungen kann das richtig schlimm werden – sie ziehen sich dann aus Angst vor Enttäuschung manchmal völlig zurück.

Die Farben der Waage

Die Waage hat, anders als die anderen Sternzeichen, sogar zwei Farben. Die Hauptfarbe ist Rosa. Sie hilft ihnen, im Leben ein wenig realistischer zu sein. Die zweite oder auch Nebenfarbe ist Gold und sie unterstützt den Erfolg der Waagen.

Die Steine der Waage

Zum Sternzeichen der Waage gehören insgesamt sechs Steine, wobei die drei Hauptsteine Aquamarin, Jade und Rauchquarz auch die stärkste Wirkung haben. Die drei Nebensteine Goldfluss, Perlmutt und Schneeflockenobsidian solltest du aber trotzdem berücksichtigen! Besonders wenn du den Goldfluss und den Schneeflockenobsidian miteinander kombinierst, kannst du damit nämlich eine sehr starke Wirkung erzielen! Damit eine Waage sich nicht zu sehr in ihre Traumwelten verstrickt, sollte sie also entweder diese beiden Steine bei sich tragen oder jeweils einen der Hauptsteine!

Diese Sternzeichen passen besonders gut zur Waage:

- Waage
- Wassermann
- Zwilling
- Schütze
- Löwe
- Widder (Aber Vorsicht: Ein Widder passt entweder wirklich gut oder ziemlich schlecht zu einer Waage!)

Diese Sternzeichen passen nicht besonders gut zur Waage:

- Jungfrau
- Krebs
- Fische
- Skorpion
- Stier
- Steinbock
- Widder (Wie gesagt: Ein Widder passt entweder sehr gut oder gar nicht zu einer Waage!)

Zauber für die Waage

Damit Waagen nicht so häufig enttäuscht werden, bräuchten sie eigentlich einen Zauber gegen zu hohe Ansprüche. Weil es den nicht gibt, habe ich einen Kombinationszauber ausgewählt, der Waage-Mädchen und Waage-Jungen wieder realistischer werden lässt und sie vor Enttäuschungen schützt. Beim Liebeszauber ist das schon ein bisschen schwieriger. Wenn man verliebt ist, kann man nämlich nie ganz sicher sagen, ob alles gut geht oder ob man vielleicht doch enttäuscht wird. Wenn die Waagen ihren Leichtsinn allerdings besser in den Griff bekommen können, stehen die Chancen schon viel besser. Deshalb habe ich einen starken Liebeszauber ausgesucht, der zugleich gegen Leichtsinn schützt! Und noch etwas: Es ist zwar bei allen

Zaubern grundsätzlich wichtig, dass während des Zauberns keine der verwendeten Kerzen ausgeht. Bei den beiden folgenden Zaubern ist das allerdings besonders wichtig – sollte eine der Kerzen ausgehen, musst du den Zauber sofort beenden. Warte danach etwa 15 Minuten und beginne den Zauber erst dann von neuem!

Realitätszauber gegen Enttäuschungen

Für diesen Zauber brauchst du:
- *eine rosa Kerze*
- *eine weiße Kerze*
- *zwei braune Kerzen*
- *ein halbes Lorbeerblatt*
- *vier grüne Pfefferkörner (falls du die nicht bekommst, kannst du auch rote nehmen)*
- *ein Eichenblatt (wenn du kein frisches bekommst, kannst du auch ein getrocknetes nehmen)*
- *ein weißes Blatt Papier*
- *einen Esslöffel sauberen, trockenen Sand*
- *einen der drei Hauptsteine (ich verwende für diesen Zauber am liebsten den Aquamarin) oder zwei beliebige Nebensteine*
- *einen grünen Stift*
- *einen schwarzen Stift*

So funktioniert der Zauber

Zuerst zündest du die rosa Kerze an und zeichnest danach einen grünen und einen schwarzen Kreis nebeneinander auf das Papier. Zwischen beiden Kreisen musst du etwa einen Zentimeter Platz lassen. Nun teilst du jeden Kreis mit einem Querstrich in zwei etwa gleich große Hälften. Nimm dafür jeweils denselben Stift, mit dem du auch den Kreis gezeichnet hast! Übrigens ist es egal, ob der Strich von oben nach unten oder von links nach rechts geht. Zünde nun die erste weiße Kerze an und nimm den Sternzeichenstein in die rechte Hand (wenn du Linkshänderin bist, in die linke). Verwendest du zwei Nebensteine, nimmst du jeden in eine Hand. Konzentriere dich jetzt, so stark du kannst, auf den Stein. Warte, bis er beginnt, warm zu werden, und lege ihn danach in eine Hälfte des schwarzen Kreises. Jetzt zündest du die zweite weiße Kerze an und legst das Lorbeerblatt in eine Hälfte des grünen Kreises. Warte etwa eine halbe Minute lang und gib dann den Sand in die zweite Hälfte des schwarzen Kreises. Lege nun das erste Pfefferkorn in die andere Hälfte des grünen Kreises und entzünde die erste braune Kerze. Mit der Fingerspitze drückst du nun eine kleine Mulde in den Sand und legst das zweite Pfefferkorn hinein. Du darfst die Mulde jetzt aber noch nicht verschließen! Nun entzündest du die zweite braune Kerze und legst die beiden restlichen Pfefferkörner mitten in den grünen Kreis. Verschließe nun sehr vorsichtig die Mulde im Sand – das Pfefferkorn darf nicht mehr zu sehen sein! Lösche nun die beiden weißen Kerzen und bedecke die Pfefferkörner im grünen Kreis mit dem Eichenblatt. Warte etwa eine halbe Minute, bevor du dann die beiden braunen Kerzen löschst. Sobald du auch die rosa Kerze gelöscht hast, setzt die Wirkung des Zaubers ein!

Der starke Liebeszauber gegen Leichtsinn

Für diesen Zauber brauchst du:
- *zwei rote Kerzen*
- *zwei rosa Kerzen*
- *eine weiße Kerze*
- *eine Messerspitze Rosmarin*
- *zwei Rosenblätter (es können auch getrocknete sein, mit frischen ist der Zauber allerdings wirkungsvoller)*
- *zwei Wacholderbeeren*
- *einen der Hauptsteine (Achtung: Dieser Zauber funktioniert nicht mit den Nebensteinen)*
- *einen Rosenquarz (den brauchst du nicht unbedingt, wenn du aber nur getrocknete Rosenblätter hast, solltest du ihn auf jeden Fall verwenden)*
- *ein Blatt Papier*

- *einen grünen Stift*
- *einen gelben Stift*
- *einen schwarzen Stift*

So funktioniert der Zauber

Du zündest zuerst die beiden rosa Kerzen an. Danach schreibst du mit dem grünen Stift deinen Vornamen (wenn du mehrere Vornamen hast, nur den ersten) auf das Blatt. Mit dem gelben Stift schreibst du anschließend den Vornamen des Menschen, um den es geht, auf das Blatt. Lasse zwischen beiden Namen mindestens 10 Zentimeter Platz! Zünde jetzt die erste rote Kerze an und zeichne dann mit dem schwarzen Stift zuerst einen Kreis um deinen Namen, danach einen weiteren um den des anderen Menschen. Jetzt entzündest du die weiße Kerze und legst eine Wacholderbeere in den Kreis mit deinem Namen, danach legst du die zweite in den anderen Kreis. Zeichne mit dem grünen Stift einen weiteren Kreis – genau zwischen die beiden anderen – auf das Blatt. Nimm nun den Hauptstein in die rechte Hand (wenn du Linkshänderin bist, in die linke) und schließe die Augen. Konzentriere dich nun, so stark du kannst, auf den anderen Menschen. Erst wenn du merkst, dass der Stein beginnt, warm zu werden, öffnest du die Augen und legst ihn in den dritten Kreis. Benutzt du zusätzlich den Rosenquarz, legst du ihn ebenfalls in diesen Kreis. Entzünde die zweite rote Kerze, schließe die Augen und konzentriere dich wieder auf den anderen Menschen. Nimm nun die beiden Rosenblätter und lege das erste in den Kreis mit dem Namen des anderen Menschen, danach das zweite in den Kreis mit deinem Namen. Halte genau diese Reihenfolge ein! Mit dem schwarzen Stift schreibst du nun zuerst deinen Vornamen in den mittleren Kreis und direkt darunter den des anderen Menschen. Streue jetzt sehr langsam den Rosmarin über eure beiden Namen und lösche sofort danach erst die beiden rosa Kerzen, dann die roten. Sowie du auch die weiße Kerze löschst, beginnt der Zauber zu wirken!

Der Skorpion
(24. Oktober bis 22. November)

Menschen, die im Zeichen des Skorpions geboren wurden, sind fast immer Individualisten. Sie haben ganz klare Vorstellungen davon, wie sie leben wollen, und lassen sich auch von niemandem hineinreden. Obwohl sie auf den ersten Blick eher ruhig und manchmal sogar richtig zurückhaltend wirken, sind sie in Wirklichkeit ständig angespannt und warten auf neue Erlebnisse und Abenteuer. Skorpione sind zwar auch nicht fleißiger als andere Sternzeichen, trotzdem gehören sie zu den erfolgreichsten! Der Grund dafür ist die Disziplin, mit der sie auch Dinge bewältigen können, die ihnen eigentlich überhaupt nicht liegen. Etwas mit dem fast alle Skorpione zu kämpfen haben, sind ihre Unbeherrschtheit und ihre Wutausbrüche! Sie sind zwar eigentlich ganz friedliche Menschen, wenn sie aber geärgert werden, explodieren sie wie ein Vulkan! Dummerweise trifft so ein Wutausbruch häufig auch Unschuldige und damit machen Skorpione sich ziemlich unbeliebt. Skorpione haben ein gutes Gefühl für ihren eigenen Körper und sind deshalb auch fast immer sportlich. Als Freunde sind Skorpione treu und ehrlich, sie wollen aber zum Beispiel in einer Clique immer gern die erste Geige spielen. Manchmal kommt es deshalb zu Streitereien, die Skorpione aber immer ehrlich und fair austragen, denn Hinterhältigkeit und Lügen sind nicht ihr Stil!

Das Skorpion-Mädchen

Skorpion-Mädchen sind fast immer auffallend hübsch und geschmackvoll gekleidet. Sie haben ihren ganz eigenen und persönlichen Stil, den sie auch mit Überzeugung zur Schau stellen. Auch wenn sie manchmal etwas zu schüchtern sind, finden sie eigentlich immer den richtigen Ansatz, um ein Gespräch mit einem Jungen zu beginnen. Skorpion-Mädchen sind einerseits sehr wählerisch, was Jungen angeht, manchmal aber leider auch ziemlich leichtsinnig. Sie suchen eigentlich einen Jungen,

der ihnen ein bisschen überlegen ist, und können mit „Ja-Sa-gern" gar nichts anfangen. Wenn sie nicht aufmerksam genug sind, kommen sie aber gerade mit solchen Jungen zusammen und das kann natürlich nicht gut gehen! Aber auch wenn ein Skorpion-Mädchen den richtigen Jungen gefunden hat, muss sie sehr auf ihre große Schwäche achten: die Unbeherrschtheit! Auch wenn Skorpion-Mädchen in anderen Dingen so diszipliniert sind – die Wutausbrüche kommen immer wieder und erschrecken jeden Jungen! Meistens ist der Grund dafür wirklich lächerlich und genau deshalb kann ihn ein Junge auch gar nicht verstehen. So kann es passieren, dass der Traumjunge Schluss macht, weil er einfach nicht weiß, wie er mit der Unbeherrschtheit eines Skorpion-Mädchens umgehen soll! Wenn es darum geht, andere Probleme zu lösen, dann sind Skorpion-Mädchen allerdings wirklich echte Meister! Genau wie alle anderen Sternzeichen, haben auch sie hin und wieder Ärger mit den Eltern oder in der Schule. Sie erkennen solche Probleme aber meistens ziemlich schnell und sind diszipliniert genug, um sie wieder aus der Welt zu schaffen, selbst wenn es ihnen furchtbar schwer fällt! Vielleicht gelten sie genau deshalb manchmal als Streberinnen, was sie aber überhaupt nicht sind! Skorpion-Mädchen sind zwar keine besonders guten Schauspielerinnen, manchmal stellen sie sich aber viel ahnungsloser, als sie in Wirklichkeit sind. Versucht jemand, ein Skorpion-Mädchen zu belügen oder sie gegen jemanden anderen auszuspielen, lässt sie sich zwar nichts anmerken – dieser Mensch hat aber für alle Zeiten verloren!

Der Skorpion-Junge

Skorpion-Jungen wissen ganz genau, was sie wollen – und was nicht! Wenn sie sich einmal etwas in den Kopf gesetzt haben, bringt sie fast nichts mehr davon ab. Dabei können sie sogar noch sturer werden als zum Beispiel die Stiere! Skorpion-Jungen können sehr charmant sein und sie benutzen alle möglichen Tricks, um Mädchen kennen zu lernen. Das heißt nicht, dass sie eine Freundschaft nicht ernst nehmen, sie sind nämlich sehr treu! Solange sie aber ihr Traummädchen noch nicht gefunden haben, probieren sie eben sehr viel aus!

Skorpion-Jungen lassen sich zwar von nichts und niemandem in ihr Leben hineinreden, zugleich tun sie das aber bei anderen Menschen. Sie sind häufig die „Chefs" in ihrer Clique, haben die verrücktesten Ideen und werden von anderen bewundert. Sobald man sie aber kritisiert, werden sie sauer und bekommen – im schlimmsten Fall – einen ihrer berühmten Wutanfälle! Skorpion-Jungen sind allerdings auch nach dem größten Streit schnell bereit, sich wieder zu versöhnen, und dabei nie nachtragend! Ein Skorpion-Junge will seiner Freundin immer überlegen sein und er zeigt das auch. Das kann zwar gut gehen – zum Beispiel bei einem Skorpion-Mädchen –, meistens gibt es aber genau deshalb Streit, weil sich natürlich nicht jedes Mädchen gerne unterordnet.

Die Farbe des Skorpions

Die Farbe der Skorpione ist Gelb. Sie unterstützt einerseits ihre Ausdauer und Disziplin, gibt ihnen aber auch etwas mehr Ruhe und Beherrschtheit! Und genau die haben Skorpione ja wirklich dringend nötig!

Die Steine des Skorpions

Zum Sternzeichen des Skorpions gehören fünf Steine, und zwar der Goldfluss, der Hämatit, das Katzenauge, das Perlmutt und der Karneol. Dies kommt selten vor: Alle fünf Steine sind Hauptsteine und wirken deshalb auch sehr stark!

Diese Sternzeichen passen besonders gut zum Skorpion:

- Jungfrau
- Steinbock
- Skorpion
- Fische

- Krebs
- Stier (Vorsicht: Ein Stier passt entweder sehr gut oder sehr schlecht zu einem Skorpion!)

Diese Sternzeichen passen nicht besonders gut zum Skorpion:

- Schütze
- Waage
- Widder
- Zwilling
- Wassermann
- Löwe
- Stier (Wie gesagt: ein Stier passt gar nicht oder aber hervorragend zu einem Skorpion!)

Zauber für den Skorpion

Eigentlich könnten die Skorpione ja wunschlos glücklich sein – wenn nur diese Unbeherrschtheit nicht wäre! Sie ist tatsächlich der einzige Grund, weshalb Skorpion-Mädchen und Skorpion-Jungen immer wieder Probleme haben, und das besonders, wenn sie verliebt sind! Die Unbeherrschtheit führt nämlich logischerweise zu Streitereien und einer Menge schlechter Gefühle, die eine Freundschaft sehr schnell zerbrechen lassen können! Ich habe deshalb zwei sehr wirkungsvolle Zauber ausgesucht: den Zauber gegen Unbeherrschtheit und den starken Liebeszauber für mehr Harmonie. Diese beiden Zauber stammen aus dem späten Mittelalter, sie sind also wirklich schon alt und sehr häufig erprobt! Sie hießen damals übrigens „Zauber für die Wut" (gemeint war natürlich, „gegen Wutausbrüche", aber zu dieser Zeit hatte man eine etwas andere Ausdrucksweise als wir heute) und „Zauber für die Güte des Herzens". Ich erzähle dir das deshalb, weil du bei beiden Zaubern etwas besonders beachten musst! Sie scheinen zwar leicht auszuführen zu sein, zählen aber zu den mächtigsten Zaubern überhaupt! Solch starke Zauber darfst du keinesfalls „mal eben so" ausführen, sondern du brauchst wirklich absolute Ruhe und Konzentration dafür! Wenn du die im Augenblick nicht hast, weil du dich nicht gut fühlst oder zur Zeit einiges los ist, dann verschiebe den Zauber auf einen anderen Tag! Vergiss nie, dass ein flüchtig ausgeführter oder gestörter Zauber auch ein schlechter Zauber ist! Er bleibt wirkungslos und kostet dich nur unnötig viel Kraft!

Der Zauber gegen Unbeherrschtheit

Für diesen Zauber brauchst du:
- *drei blaue Kerzen*
- *eine grüne Kerze*
- *eine gelbe Kerze*
- *ein getrocknetes Herbstblatt irgendeines Baumes (achte darauf, dass es wirklich trocken ist, und lege es zur Sicherheit lieber noch einen oder zwei Tage lang auf die Heizung)*
- *drei Esslöffel trockenen, sauberen Sand*
- *eine getrocknete Wacholderbeere (nicht das Pulver)*
- *ein schwarzes Pfefferkorn*
- *ein weißes Blatt Papier*
- *einen grünen Stift*
- *ein kleines Porzellan-Schälchen (du kannst dafür sehr gut eine Untertasse nehmen)*
- *ein Stück blauen Stoff, das groß genug ist, um das Schälchen zu bedecken*

So funktioniert der Zauber
Entzünde zuerst die drei blauen Kerzen. Zeichne dann einen Kreis auf das Blatt, der so groß ist, dass du das Schälchen hineinstellen kannst. In das Schälchen gibst du nun den Sand, machst eine kleine Kuhle hinein und stellst es in den Kreis. Entzünde die grüne Kerze und schließe die Augen. Denke jetzt an etwas, was dich in letzter Zeit sehr, sehr wütend gemacht hat.

Versuche, dich an deine Wut zu erinnern und konzentriere dich, so stark du kannst, darauf! Was hast du in diesem Moment gesagt oder gefühlt? Wenn du es wieder spüren kannst und dich genau an die Situation erinnerst, öffnest du die Augen und gibst die Wacholderbeere in die Kuhle. Schließe die Augen und konzentriere dich wieder auf die Situation, in der du so wütend warst. Du darfst nicht flüchtig werden – erst wenn du wieder alle Gefühle aus dieser Situation genau spüren kannst, öffnest du die Augen und legst das Pfefferkorn in die Kuhle. Entzünde die grüne Kerze und lege das getrocknete Blatt so über die Kuhle, dass sie ganz bedeckt ist. Entzünde die gelbe Kerze und schließe die Augen. Konzentriere dich noch einmal auf die Situation, in der du wütend warst. Denke daran, wie diese Situation ausgegangen ist und was du getan hast. Sieh dir die Situation in deiner Erinnerung ganz genau an! Hast du sie noch einmal gesehen, öffnest du die Augen und legst den blauen Stoff sehr vorsichtig über den Sand. Achte darauf, dass das getrocknete Blatt dabei nicht verrutscht! Lösche nun zunächst die drei blauen Kerzen und dann die grüne. Sowie du auch die gelbe Kerze löschst, beginnt der Zauber zu wirken!

Der starke Liebeszauber für mehr Harmonie

Für diesen Zauber brauchst du:
- *eine grüne Kerze*
- *eine rosa Kerze*
- *eine rote Kerze*
- *eine Kerze in der Sternzeichenfarbe des Menschen, um den es geht*
- *einen der Sternzeichensteine*
- *eine grüne Glasmurmel (bekommst du die nicht, kannst du eine durchsichtige Murmel mit einem wasserfesten grünen Filzstift anmalen)*

Der Skorpion

- ein weißes Blatt Papier
- einen lila Stift
- einen Esslöffel Salz

So funktioniert der Zauber

Zuerst entzündest du die Kerze in der Sternzeichenfarbe. Auf das Blatt Papier zeichnest du anschließend ein Dreieck und schreibst den Vornamen des anderen Menschen hinein. Entzünde dann die grüne Kerze und schreibe danach deinen Namen über den des anderen Menschen. Nun nimmst du das Salz und streust es mit den Fingerspitzen genau auf die Seiten des Dreiecks. Achte darauf, dass die Salzlinie sich zum Schluss wieder trifft, also geschlossen ist! Entzünde jetzt die rote Kerze und schließe die Augen. Konzentriere dich auf den anderen Menschen und versuche, dir sein Gesicht so deutlich wie möglich vorzustellen. Wenn du das Gesicht siehst, öffnest du die Augen und entzündest die rosa Kerze. Lege nun zuerst die grüne Murmel in das Dreieck und schließe dann die Augen. Jetzt sprichst du den Vornamen des anderen Menschen dreimal hintereinander langsam und leise aus. Öffne die Augen und lege den Sternzeichenstein in das Salz genau an die Spitze des Dreiecks. Warte nun etwa eine halbe Minute lang und lösche zuerst die grüne, dann die rote und jetzt die rosa Kerze. Warte noch einmal eine halbe Minute und lösche zum Schluss die Kerze in der Sternzeichenfarbe. Die Wirkung des Zaubers setzt sofort ein!

Der Schütze
(23. November bis 21. Dezember)

S chütze ist eigentlich das lebhafteste aller Sternzeichen. Deshalb sind Schützegeborene auch fast immer irgendwie in Bewegung. Sie reisen für ihr Leben gern und sind am liebsten ständig unterwegs. Was sie überhaupt nicht leiden können, ist ein längerer Aufenthalt, denn dann fühlen sie sich schnell eingesperrt. Das ist übrigens auch der Grund, warum viele Schützen Probleme in der Schule haben: Sie mögen nämlich auch die strengen Gesetze und Regeln nicht besonders gern. Schützen sind furchtbar neugierig und wollen am liebsten alles sofort und ganz genau wissen. Weil ihnen dabei vieles einfach zu langsam geht, werden sie manchmal ziemlich ungeduldig und damit nervig für ihre Umwelt. Fast alle Schützegeborenen haben einen großen Freundeskreis und lieben es, auf Partys zu gehen und neue Leute kennen zu lernen. Und genau hier haben die Schützen eine echte Schwäche – sie werden schnell oberflächlich, weil sie sich bei so vielen Menschen gar nicht mehr um jeden Einzelnen wirklich kümmern können.

Obwohl Schützen ziemlich friedfertig sind, bekommen sie immer wieder Ärger mit anderen Menschen. Besonders wenn sie verliebt sind, kommt nämlich ihre zweite Schwäche zum Vorschein: die Eifersucht!

Das Schütze-Mädchen

Schütze-Mädchen wirken entweder – ähnlich wie die Waage-Mädchen – ein bisschen wie „Luxusfrauen" oder sie sind eher der „Kumpeltyp". Aber egal zu welchem Typ Frau ein Schütze-Mädchen nun gehört – sie stellen alle ziemlich hohe Ansprüche an ihre Freunde und vor allem an Jungen! Sie überlegen sich ganz genau, wen sie kennen lernen wollen und welcher Junge bei ihnen eine Chance hat und welcher nicht. Jungen, die sich für Schütze-Mädchen interessieren, haben es also wirklich ziemlich schwer! Noch ein bisschen schwerer wird es dadurch, dass Schütze-Mädchen ihre Unabhängigkeit über alles lieben! Sie lassen sich nicht einsperren oder den Kontakt mit ihren Freunden verbieten und sie setzen eigentlich immer das durch, was sie sich in den Kopf gesetzt haben! Schütze-Mädchen sind zwar manchmal etwas schüchtern, es fällt ihnen aber nicht besonders schwer, neue Leute kennen zu lernen. Genau wie die Schütze-Jungen haben sie fast immer einen riesigen Freundeskreis und sind überall und auf jeder Party gern gesehen. Sie sind sehr gesellig und fühlen sich eigentlich erst wohl, wenn ein paar Freunde oder Freundinnen um sie herum sind, mit denen sie Spaß haben können. Genau hier wird es aber schnell kritisch, denn Schütze-Mädchen haben manchmal einfach zu viele Freunde und Bekannte! Weil sie sich aber nicht um jeden Einzelnen kümmern können, haben sie schnell den Ruf weg, oberflächlich zu sein! Das sind sie eigentlich gar nicht, aber wenn sie sich nicht auf ihre wirklich guten und wichtigen Freunde konzentrieren, kann es sein, dass sie bald gar keine mehr haben! Ein echtes Problem der Schütze-Mädchen ist ihre rasende Eifersucht. Meistens werden Schütze-Mädchen schon wegen echter Lappalien eifersüchtig und brechen dann auch ganz schnell einen Streit vom Zaun. Leider schaden sie sich damit aber meistens selbst, denn auf diese Art verlieren sie häufig ihre große Liebe!

Der Schütze-Junge

Schütze-Jungen erkennt man meistens sehr schnell daran, dass sie keine Lust auf eine Freundin haben. Sie haben zwar kein Problem, eine Menge netter Mädchen kennen zu lernen, sie versuchen aber fast immer, allein und unabhängig zu bleiben. Genau wie Schütze-Mädchen haben auch Schütze-Jungen meistens einen ziemlich großen Freundeskreis. Und logischerweise haben

sie damit auch das gleiche Problem wie Schütze-Mädchen – sie „verzetteln" sich unter all den Freunden und Bekannten ziemlich schnell! Schütze-Jungen haben natürlich auch sehr enge Freunde, die mögen aber Oberflächlichkeit auf Dauer auch nicht! So kann es dann passieren, dass ein Schütze-Junge irgendwann eben nur noch Bekannte, aber eben keine wirklich guten Freunde mehr hat! Wie alle Schützen können es auch Schütze-Jungen einfach nicht leiden, wenn sie sich eingesperrt fühlen und sich Regeln unterwerfen müssen. In der Schule sind sie deshalb auch oft die „Rebellen" und damit die Zielscheibe für ungerechte Lehrer! Genau das habe ich in meiner Schulzeit ganz oft miterlebt! Gerade weil sie sich schnell eingeengt fühlen, machen Schütze-Jungen es den Mädchen nicht gerade einfach! Sie wollen ständig ihre Freunde sehen oder auf Partys gehen, statt mal ein wenig Zeit nur zu zweit zu verbringen. Richtig schlimm kann das werden, wenn ein Mädchen versucht, einen Schütze-Jungen mehr für sich zu haben, und Forderungen stellt. Schütze-Jungen mögen zwar keinen Streit, wenn es allerdings um ihre „Freiheit" geht, fangen sie an zu kämpfen! Damit machen viele Schütze-Jungen dann leider auch eine tolle Freundschaft kaputt – obwohl sie das in Wirklichkeit gar nicht wollen! Aber auch mit der Eifersucht haben Schütze-Jungen so das eine oder andere Problem! Sie selbst werden schnell eifersüchtig und machen ihren Freundinnen Vorwürfe, auch wenn gar kein Grund vorliegt. Das ist ungerecht, besonders deshalb, weil Schütze-Jungen umgekehrt schon mal ganz gern herumflirten, auch wenn sie eine Freundin haben!

Die Farbe des Schützen

Die Farbe der Schützen ist Rot, und zwar in jeder Abstufung! Schütze-Mädchen wählen übrigens meistens eher ein helleres, Schütze-Jungen ein dunkleres und kräftigeres Rot. Andere Sternzeichen kann Rot eher aggressiv und unruhig machen, den

Schützen hilft es aber, ihre Eifersucht sehr viel besser in den Griff zu bekommen!

Die Steine des Schützen

Die Schützen haben sieben Sternzeichensteine. Zwei davon, nämlich der Lapislazuli und der Sodalith, sind die Hauptsteine. Die fünf Nebensteine sind der Amethyst, der Aventurin, der Goldfluss, das Perlmutt und der Rosenquarz. Bei den Schützen wirken, anders als bei den anderen Sternzeichen, die Nebensteine stärker als die Hauptsteine! Für Schütze-Zauber nehme ich deshalb auch am liebsten den Aventurin, der zwar nicht die Sternzeichenfarbe der Schützen hat, ihnen aber hilft, ihre Zauber erfolgreicher zu machen!

Diese Sternzeichen passen besonders gut zum Schützen:

- Waage
- Wassermann
- Schütze
- Löwe
- Widder
- Zwilling (Vorsicht: Ein Zwilling passt entweder besonders gut oder gar nicht zu einem Schützen!)

Diese Sternzeichen passen nicht besonders gut zum Schützen:

- Jungfrau
- Fische
- Skorpion
- Krebs
- Stier
- Steinbock
- Zwilling (Nicht vergessen: Ein Zwilling passt entweder wirklich gut oder sehr schlecht zu einem Schützen!)

Zauber für den Schützen

Die Zauber für den Schützen sind eigentlich klar! Die Eifersucht und die Oberflächlichkeit können sehr viele Freundschaften kaputtmachen und sogar die große Liebe kosten – dagegen muss man natürlich auf jeden Fall etwas tun! Ich habe für die Schützen also einen alten Zauber gegen Oberflächlichkeit gewählt, der zwar einfach auszuführen, aber trotzdem sehr wirkungsvoll ist. Das Beste daran: Er wirkt sehr schnell und du kannst ihn ohne Bedenken wirklich jeden Tag anwenden! Etwas anders ist das mit dem Liebeszauber! Er muss ja auch gegen die zweite Schwäche der Schützen wirken: die Eifersucht. Ich habe ehrlich gesagt eine ganze Weile gesucht, bis ich einen wirkungsvollen Kombinationszauber gefunden habe, der stark genug ist und den man trotzdem mehrmals pro Woche ausführen kann. Entwickelt wurde er übrigens von den französischen Hexen des 15. Jahrhunderts! Denke bitte auf jeden Fall daran, dass du ihn nicht jeden Tag anwenden darfst, sondern immer einen Tag Pause machen musst!

Der starke Zauber gegen Oberflächlichkeit

Für diesen Zauber brauchst du:
- *eine braune Kerze*
- *eine weiße Kerze*
- *eine rote Kerze*
- *eine Messerspitze getrocknete Pfefferminze*
- *eine Messerspitze getrockneten Fenchel*
- *eine Messerspitze Anis*
- *einen möglichst glatten und runden Kieselstein (er muss in deine Faust passen)*
- *ein weißes Blatt Papier*
- *einen roten Stift*

So funktioniert der Zauber
Zuerst zündest du die braune Kerze an. Anschließend zeichnest vier kleine Kreise in einer Reihe und einen großen Kreis genau in der Mitte darüber auf das Blatt Papier. Der große Kreis muss so groß sein, dass der Kieselstein hineinpasst! Zünde nun die rote

Kerze an und zeichne mit dem roten Stift sieben kleine Punkte auf den Stein. Die sieben Punkte müssen kreisförmig angeordnet sein! Nun nimmst du einen der Nebensteine in die rechte Hand (bist du Linkshänderin, nimmst du ihn in die linke Hand) und wartest, bis du merkst, wie er sich erwärmt. Lege ihn nun in den ganz linken der kleinen Kreise. Jetzt legst du den Kieselstein so in den Kreis, dass du die sieben kleinen Punkte sehen kannst. Entzünde die weiße Kerze und gib Anis in den zweiten kleinen Kreis. Schließe die Augen und drehe den Kieselstein um eine drittel Umdrehung im Uhrzeigersinn. Danach öffnest du die Augen und gibst den Fenchel in den dritten der kleinen Kreise. Wieder schließt du die Augen und drehst den Kieselstein um eine drittel Umdrehung weiter. Öffne die Augen und gib die getrocknete Pfefferminze vorsichtig in den vierten Kreis. Mit geöffneten Augen drehst du sofort danach den Kieselstein um die letzte drittel Umdrehung, sodass die sieben Punkte wieder in der Ausgangsposition sind. Lösche nun die braune Kerze und zeichne einen weiteren Punkt – genau in die Mitte des Kreises, den die anderen Punkte bilden – auf den Stein. Lösche nun die weiße Kerze und drehe den Kieselstein um eine halbe Umdrehung im Uhrzeigersinn, sodass du die Punkte nicht mehr sehen kannst. Sowie du die rote Kerze löschst, beginnt der Zauber zu wirken!

Der starke Liebeszauber gegen Eifersucht

Für diesen Zauber brauchst du:
- *zwei rote Kerzen*
- *zwei blaue Kerzen*
- *zwei weiße Kerzen*
- *vier rote Pfefferkörner*
- *einen der Nebensteine*
- *zwei Rosenblätter (bekommst du keine frischen, kannst du auch getrocknete verwenden)*
- *zwei Messerspitzen gemahlenen Zimt*

- *ein weißes Blatt Papier*
- *einen schwarzen Stift*
- *einen Stift in der Sternzeichenfarbe des Menschen, um den es geht*

So funktioniert der Zauber

Du zündest zuerst die beiden roten Kerzen an. Anschließend zeichnest du ein Dreieck, dessen Spitze nach oben zeigt, auf das Blatt. Links und rechts neben das Dreieck zeichnest du jeweils zwei kleine und zwei größere Kreise. Schreibe nun zuerst deinen Vornamen in das Dreieck und zünde danach die erste blaue Kerze an. Schließe die Augen und sprich den Vornamen des anderen Menschen zweimal (auf keinen Fall mehr) hintereinander langsam und leise aus. Öffne die Augen und schreibe diesen Vornamen nun direkt unter deinen eigenen in das Dreieck. Dafür musst du den Stift in der Sternzeichenfarbe des anderen Menschen benutzen! Jetzt legst du in die beiden kleinen Kreise auf der linken Seite des Dreiecks zuerst zwei rote Pfefferkörner, dann wiederholst du dasselbe auf der rechten Seite. Halte auf jeden Fall diese Reihenfolge ein! Zünde jetzt die zweite blaue Kerze an und lege ein Rosenblatt in einen der großen Kreise auf der linken Seite des Dreiecks, danach das zweite Rosenblatt in einen der großen Kreise auf der rechten Seite des Dreiecks. Schließe die Augen und sprich zweimal zuerst deinen Vornamen und danach den des anderen Menschen langsam und leise aus. Nun zündest du die beiden weißen Kerzen an und gibst genau eine Messerspitze Zimt in den letzten noch freien Kreis auf der linken Seite des Dreiecks, danach machst du dasselbe auf der rechten Seite. Lege nun den Nebenstein genau auf einen der beiden Namen und lösche zuerst die beiden blauen Kerzen, danach die weißen. Warte etwa eine Minute lang und lösche die beiden roten Kerzen – die Wirkung des Zaubers setzt sofort ein! Denke bitte daran, dass du diesen Zauber nur jeden zweiten Tag ausführen darfst!

Der Steinbock
(22. Dezember bis 20. Januar)

Steinböcke sind besonders zurückhaltend und fallen eigentlich nie richtig auf. Viele Menschen halten Steinböcke deshalb auch für langweilig und spießig – dies allerdings völlig zu Unrecht. Die Steinböcke mögen nur einfach keine Angeberei und erzählen nicht gleich jedem Menschen ihre ganze Lebensgeschichte. Außerdem suchen sie sich ihre Freunde sehr genau aus, und es kann sehr lange dauern, bis man mit einem Steinbock Freundschaft schließt. In einer bestehenden Freundschaft sind Steinböcke sehr ehrlich und treu, und man kann sich immer hundertprozentig auf sie verlassen! Die größten Stärken der Steinböcke sind ihre Ausdauer und ihre Geduld. Wenn ein Steinbock sich etwas in den Kopf gesetzt hat, dann verfolgt er es wirklich so lange, bis er es auch bekommt – egal, wie lange es dauert! Unehrlichkeit mögen Steinböcke gar nicht. Sie sind sehr empfindlich, und wenn sie einmal angelogen oder betrogen wurden, dann ziehen sie sich für immer zurück! Und genau das ist auch die einzige wirklich große Schwäche der Steinböcke.

Das Steinbock-Mädchen

Steinbock-Mädchen sind zwar etwas toleranter als andere Sternzeichen, trotzdem wissen sie genau, was sie wollen! Sie stellen ihre eigenen Regeln auf und leben auch danach. Ein Junge, der diesen Regeln nicht gerecht wird, hat bei einem Steinbock-Mädchen eigentlich fast keine Chance! Außer er ist selbst Steinbock und kann seine unendliche Geduld einsetzen! Das Steinbock-Mädchen gilt in einer Clique immer als „die Vernünftige" und das auch zu Recht! Auch wenn es einmal wirklich kritisch wird, verlieren Steinbock-Mädchen nie den Kopf! Sie wissen, was zu tun ist, und haben immer eine Lösung parat! Obwohl die Steinbock-Mädchen sehr friedlich sind und Streit

nicht mögen, geben sie immer wieder selbst Anlass dazu! Das liegt aber gar nicht an ihnen, sondern meistens an Freunden oder Freundinnen, die die Steinbock-Mädchen wegen ihrer Vernunft als spießig bezeichnen. Und das lässt sich natürlich niemand gerne gefallen! Wenn Steinbock-Mädchen streiten, dann geschieht auch das mit Vernunft und sie bleiben dabei immer fair! Sie hassen Lügen und können es auch der besten Freundin nicht verzeihen, wenn die einmal nicht die Wahrheit sagt. Besonders schlimm ist das, wenn es dabei vielleicht um einen Jungen geht! Wer es sich einmal mit einem Steinbock-Mädchen verdorben hat, der hat kaum noch eine Chance, seine Fehler wieder auszubügeln! Weil Steinbock-Mädchen mit Enttäuschungen nicht besonders gut umgehen können, ziehen sie sich schnell und radikal zurück. Nur jemand, der sehr viel Geduld hat, kann einem Steinbock-Mädchen näher kommen. Sind Steinbock-Mädchen aber verliebt und werden nicht enttäuscht, dann sind sie sehr romantisch und vergessen ihre Zurückhaltung wenigstens ein kleines bisschen!

Der Steinbock-Junge

Steinbock-Jungen sind bestimmt die romantischsten überhaupt! Sie geben das zwar nicht unbedingt gern zu, aber wenn sie verliebt sind, merkt ein Mädchen das sehr schnell! Ganz ähnlich wie Steinbock-Mädchen, können auch Steinbock-Jungen mit Unehrlichkeit nur sehr schlecht umgehen. Steinbock-Jungen sind ziemlich zurückhaltend, wenn sie sich allerdings in einer Clique wohl fühlen, dann merkt man ihnen das nicht mehr an. Sie geben sich dann viel lockerer und entspannter – trotzdem bleiben sie immer vernünftig und etwas ernster als die anderen! Das ist nicht unbedingt ein Nachteil, denn sehr viele Menschen besitzen ja wirklich zu wenig Ernsthaftigkeit. Ein bisschen problematisch kann das aber werden, wenn sich ein Mädchen für einen Steinbock-Jungen interessiert.

Die Farbe des Steinbocks

Die Farbe des Steinbocks ist Rot. Genau wie bei den Schützen passt zu den Mädchen eher ein helles, zu den Jungen dagegen eher ein dunkles Rot. Rot gibt allen Steinböcken ein bisschen mehr Lockerheit und lässt sie weniger verschlossen sein!

Die Steine des Steinbocks

Zum Zeichen des Steinbocks gehören vier Steine. Die Hauptsteine sind der Onyx und der Moosachat, die Nebensteine der Goldfluss und das Perlmutt. Auch wenn die Hauptsteine ein wenig stärker wirken, so helfen die beiden Nebensteine den Steinböcken auch sehr gut, um Enttäuschungen besser verarbeiten zu können.

Diese Sternzeichen passen besonders gut zum Steinbock:

- Fische
- Skorpion
- Jungfrau
- Stier
- Steinbock
- Krebs (Vorsicht: Ein Krebs passt entweder sehr gut oder gar nicht zu einem Steinbock!)

Diese Sternzeichen passen nicht besonders gut zum Steinbock:

- Waage
- Widder
- Schütze
- Wassermann
- Zwilling
- Löwe
- Krebs (Nicht vergessen: Ein Krebs kann sehr gut oder sehr schlecht zu einem Steinbock passen!)

Zauber für den Steinbock

Vor lauter Vernunft werden Steinböcke manchmal richtig trocken und wirken deshalb auch nicht immer so attraktiv! Auch wenn es darum geht, einen anderen Menschen kennen zu lernen, warten Steinböcke oft zu lange, bis sie den entscheidenden Schritt wagen – und dann kann es schon zu spät sein! Ich habe deshalb einen starken Zauber gegen zu viel Ernsthaftigkeit gewählt, der sehr schnell und zuverlässig wirkt. Das zweite Problem der Steinböcke ist noch etwas schwieriger in den Griff zu bekommen: Weil sie sich nach Enttäuschungen zu schnell zurückziehen, fällt es ihnen natürlich auch schwer, wieder jemanden kennen zu lernen. Damit das wirklich wieder klappt, habe ich einen starken Liebeszauber gegen das Misstrauen gewählt. Ähnlich wie den starken Liebeszauber für das Sternzeichen Schütze, darfst du diesen Zauber allerdings nicht jeden, sondern nur jeden zweiten Tag anwenden!

Der Zauber gegen zu viel Ernsthaftigkeit

Für diesen Zauber brauchst du:
- *zwei rote Kerzen*
- *zwei goldene Kerzen*
- *eine gelbe Kerze*
- *drei Tropfen Johanniskrautöl für den Duftstein*
- *ein weißes Blatt Papier*
- *einen grünen Stift*
- *einen blauen Stift*
- *ein Lorbeerblatt*
- *einen der Hauptsteine*

So funktioniert der Zauber
Entzünde zuerst die beiden roten Kerzen und zeichne zwei gleich große Kreise nebeneinander auf das Blatt Papier. Für den linken Kreis benutzt du den grünen Stift, für den rechten Kreis den blauen. Nimm den Sternzeichenstein anschließend in die rechte Hand (wenn du Linkshänderin bist, in die linke) und warte, bis er warm wird. Zünde jetzt die erste goldene Kerze an und

lege den Stein in den linken Kreis. Dann gibst du drei Tropfen des Johanniskrautöls auf den Duftstein und wartest etwa eine halbe Minute lang. Nun zündest du die zweite goldene Kerze an und legst das Lorbeerblatt in den rechten Kreis. Zünde die gelbe Kerze an und lege danach die Spitze deines linken Zeigefingers auf den Stein und die deines rechten Zeigefingers auf das Lorbeerblatt. Schließe die Augen und konzentriere dich auf die beiden Fingerspitzen. Es wird einige Minuten dauern, bis du merkst, wie der Stein und das Lorbeerblatt an den Stellen warm werden, an denen deine Finger sie berühren. Erst jetzt nimmst du beide Finger gleichzeitig (das ist wichtig) wieder herunter und öffnest die Augen. Lösche nun sofort die beiden roten Kerzen und danach die goldenen. Sobald du die gelbe Kerze gelöscht hast, beginnt der Zauber zu wirken!

Der starke Liebeszauber gegen das Misstrauen

Für diesen Zauber brauchst du:
- *zwei rosa Kerzen*
- *zwei rote Kerzen*
- *eine Kerze in der Sternzeichenfarbe des anderen Menschen*
- *einen Silberring (Größe und Aussehen des Rings spielen keine Rolle, er muss nur wirklich aus Silber sein und darf keinen Stein haben)*
- *ein Haar von dir*
- *ein Foto des Menschen, um den es geht (im Mittelalter haben sich die Hexen ein Bild des Menschen gemalt)*
- *ein kleines Stück trockenes Brot (etwa so groß wie der Fingernagel deines Zeigefingers)*
- *vier Reiskörner*
- *ein Blatt Papier*
- *einen schwarzen Stift*
- *einen der Hauptsteine*

So funktioniert der Zauber

Zünde zuerst die beiden rosa Kerzen an und lasse sie eine Minute lang brennen. Achte genau auf die Zeit – es darf auf keinen Fall kürzer als eine Minute sein, lieber ein paar Sekunden länger! In die Mitte des Blattes zeichnest du nun einen Kreis, der etwas größer ist als der Ring. Du zündest nun die erste rote Kerze an und legst den Ring in den Kreis. Nimm das erste Reiskorn, halte es zwischen Zeigefinger und Daumen und schließe die Augen. Sprich langsam und leise den Vornamen des anderen Menschen. Wenn er mehrere Vornamen hat, musst du sie alle aussprechen! Öffne die Augen und lege das Reiskorn in den Ring. Nimm das zweite Reiskorn, halte es ebenfalls zwischen Zeigefinger und Daumen, sprich – diesmal mit geöffneten Augen – deinen Vornamen aus und lege das Reiskorn ebenfalls in den Ring. Nun zündest du die zweite rote Kerze an, nimmst das dritte Reiskorn, sprichst wieder deinen Vornamen und legst das Korn auch in den Ring. Zünde schließlich noch die Kerze in der Sternzeichenfarbe des anderen Menschen an und schließe die Augen. Sprich seinen Vornamen dreimal hintereinander langsam und leise aus, öffne die Augen und lege das vierte Reiskorn zu den anderen im Ring. Warte eine Minute (keinesfalls kürzer) und lösche zuerst die beiden rosa Kerzen, danach die roten. Sowie du die Kerze in der Sternzeichenfarbe löschst, beginnt der Zauber zu wirken. Denke aber bitte immer daran, dass du diesen Zauber nur jeden zweiten Tag ausführen darfst!

Der Wassermann
(21. Januar bis 19. Februar)

(**W**) assermanngeborene sind sehr lebhaft und während andere Sternzeichen erst lange überlegen müssen, können sie sich blitzschnell für alles Mögliche begeistern. Sie haben ständig neue Ideen und meistens sind die sogar ziemlich revolutionär. Das ist der Grund, weshalb viele Wassermänner von ihrer Umwelt und ihren Freunden nicht immer gleich verstanden werden. Deshalb versuchen sie häufig, alles zu erklären, was ihnen gerade so durch den Kopf geht. Wassermänner können aber auch sehr gut zuhören und darum sind sie häufig die „Sorgentanten" in einem Freundeskreis. Eine der Haupteigenschaften der Wassermänner ist ihr Wunsch nach Unabhängigkeit. Sie schließen zwar schnell und gerne neue Freundschaften, wollen sich aber nicht wirklich gerne so richtig fest an jemanden binden. Trotzdem sind die Wassermänner sehr treue Freuende, auf die man sich immer verlassen kann. Ihr größtes Problem besteht darin, dass sie alles und jeden verstehen wollen. Egal, welche Probleme die Freunde haben – ein Wassermann versucht, sie alle zu verstehen und zu helfen. Das ist natürlich sehr anstrengend und irgendwann ist er so erschöpft, dass er keine Energie mehr für die eigenen Probleme hat.

Das Wassermann-Mädchen

Wassermann-Mädchen sind sehr gefühlsbetont und vertrauen ihren Gefühlen mehr als ihrem Kopf. Fast immer haben sie damit auch Recht – kein Wunder also, dass es unter uns Hexen so auffallend viele Wassermann-Mädchen und Wassermann-Frauen gibt! Viele Wassermann-Mädchen sind sehr selbstbewusst und zeigen das auch deutlich! Sie wissen, was sie wollen, und versuchen, ihre Vorstellungen auch durchzusetzen. Das führt zwar manchmal zu Reibereien mit anderen Menschen, meistens können die Wassermann-Mädchen ihre Umgebung aber schnell

von ihren Ideen überzeugen! Auch wenn die Wassermann-Mädchen in mancherlei Hinsicht nicht besonders „mädchenhaft" sind und zum Beispiel Fußball spielen oder andere typische Männersportarten betreiben, sind sie wahrscheinlich die romantischsten Mädchen überhaupt! Sie lieben schmalzige Liebesromane und tolle Sonnenuntergänge, stehen auf ruhige, etwas traurige Musik und gehen gerne in nebligen Parks spazieren. Wenn sich ein Wassermann-Mädchen in einen Jungen verliebt, wird er in ihrer Vorstellung zum Traumprinzen, den sie ihr ganzes Leben lang lieben wird. Natürlich funktioniert so etwas in Wirklichkeit nicht und irgendwann wacht das Wassermann-Mädchen dann plötzlich aus ihrem Traum auf. Aus dem Traumprinzen wird ein ganz normaler Junge und das Wassermann-Mädchen ist maßlos enttäuscht! Genau dann wird sie vom größten Problem der Wassermänner erwischt: von der Neigung zur Gleichgültigkeit! Auch wenn sie noch so verliebt war, wird sie dem Jungen gegenüber gleichgültig und vielleicht sogar richtig zickig und böse! Erst wenn eine solche Freundschaft dann nicht mehr existiert, merkt ein Wassermann-Mädchen, was sie angestellt hat, und bereut es bitter! Sie macht sich Vorwürfe, denn eigentlich hätte sie sich ja auf ihr Gefühl verlassen können, das sie fast immer auf den richtigen Weg führt!

Der Wassermann-Junge

Wassermann-Jungen machen häufig einen sehr überlegenen Eindruck. Das liegt daran, dass sie eigentlich alles immer sehr gut und vernünftig erklären können. Und tatsächlich sind sie auch immer auf der Suche nach neuen Rätseln und Aufgaben, die sie lösen können. Sie kümmern sich um alles, was nur irgendwie interessant aussieht, und stürzen sich auch sofort in jedes Abenteuer. Genau wie Wassermann-Mädchen können sie sich dabei auf ihr Gefühl verlassen – leider funktioniert es aber nicht ganz so gut wie das der Wassermann-Mädchen! Wenn ein Wassermann-Junge eine Enttäuschung erlebt, macht er sich fast immer selbst zum Schuldigen. Er hat ein positives Bild von allen anderen Menschen und glaubt daher, er selbst würde alles falsch machen! Häufig führt das sogar dazu, dass er keine Lust mehr hat, auszugehen oder Freunde zu treffen. Er zieht sich zwar nicht zurück, aber verliert seine Energie und hängt nur noch missmutig und schlecht gelaunt herum. Das ist nicht nur für den Wassermann-Jungen schlimm, auch seine Freunde leiden sehr darunter und versuchen alles, um ihm seine Kraft wiederzugeben. Wenn es dem Wassermann-Jungen aber gut geht und er verliebt ist, dann ist er genauso romantisch wie ein Wassermann-Mädchen! Er ist dann sehr verschmust und bleibt lieber zu Hause vor dem Fernseher, als auf Partys unterwegs zu sein. Ein Wassermann-Junge kann tolle Liebesbriefe schreiben und wünscht sich, dass seine Freundin das auch kann!

Die Farbe des Wassermanns

Die Farbe der Wassermanngeborenen ist Gelb. Sie gibt ihnen vor allem mehr Willenskraft, hilft aber auch, mit Enttäuschungen besser fertig zu werden.

Die Steine des Wassermanns

Zum Zeichen des Wassermanns gehören sechs Steine, von denen vier die Hauptsteine und die anderen zwei die Nebensteine sind. Anders als bei anderen Sternzeichen wirken beim Wassermann die vier Hauptsteine Aquamarin, Topas, Türkis und helle Jade sehr viel stärker als die Nebensteine Goldfluss und Onyx! Wenn du also nur die Nebensteine hast, musst du sie immer gleichzeitig anwenden, damit ihre Kraft ausreicht! Am besten passt aber auf jeden Fall die helle Jade zum Wassermann! Diesen Stein gibt es nämlich auch in verschiedenen Gelbtönen und Gelb ist ja die Farbe des Wassermannes!

Diese Sternzeichen passen besonders gut zum Wassermann:

- Schütze
- Widder
- Waage
- Zwilling
- Wassermann
- Löwe (Vorsicht: Ein Löwe kann wirklich gut, aber auch sehr schlecht zu einem Wassermann passen!)

Diese Sternzeichen passen nicht besonders gut zum Wassermann:

- Skorpion
- Stier
- Fische
- Krebs
- Jungfrau
- Steinbock
- Löwe (Nicht vergessen: Ein Löwe passt entweder sehr gut oder sehr schlecht zu einem Wassermann!)

Zauber für den Wassermann

Wassermänner brauchen dringend zwei bestimmte Zauber, die ihnen bei ihren Hauptproblemen helfen! Weil ein Wassermann sich nun mal um alles und jeden kümmert, lassen seine Kräfte irgendwann nach und er wird mürrisch und übellaunig. In einem solchen Zustand fühlt man sich natürlich nicht wohl und es fällt nicht besonders leicht, neue Leute kennen zu lernen. Deshalb habe ich einen sehr alten italienischen Zauber aus dem 11. Jahrhundert ausgewählt, und zwar den starken Zauber für mehr Willenskraft. Sein Name war damals übrigens „Zauber für Kraft und Willen". Das zweite Problem der Wassermänner, die

Gleichgültigkeit, ist nicht ganz so leicht in den Griff zu bekommen – hier hilft nur ein sehr mächtiger Liebeszauber. Damit schaffen es die Wassermänner dann aber, in einer Freundschaft nicht gleichgültig zu werden, wenn die erste Verliebtheit auch schon etwas vorüber ist. Dieser Liebeszauber ist zwar sehr leicht auszuführen, du brauchst dafür allerdings ein Haar des anderen Menschen! Dieses Haar darfst du dir aber nicht heimlich besorgen, sondern der Mensch muss es dir freiwillig gegeben haben! Wenn er dich fragt, wofür du das Haar brauchst, darfst du nicht lügen. Eine Lüge würde den Zauber nämlich schon vor seiner Ausführung unwirksam werden lassen! Was du aber tun kannst, ist zu sagen: „Das erzähle ich dir später", oder: „Das ist im Moment noch ein Geheimnis, aber morgen erfährst du es". Damit hast du nicht gelogen, den Zauber aber auch nicht verraten, denn du lüftest dein Geheimnis erst, wenn du ihn bereits vollzogen hast!

Übrigens: Obwohl diese beiden Zauber sehr stark sind, kannst du sie trotzdem jeden Tag anwenden!

Der starke Zauber für mehr Willenskraft

Für diesen Zauber brauchst du:
- *zwei gelbe Kerzen*
- *zwei blaue Kerzen*
- *eine orange Kerze*
- *drei Lorbeerblätter (nimm die größten, die du bekommen kannst, und achte darauf, dass sie nicht zerbrochen sind)*
- *eine Messerspitze Cumin (du weißt ja, Cumin bekommst du auch unter dem Namen Kreuzkümmel)*
- *drei Tropfen Öl (am besten nimmst du Sonnenblumenöl oder Olivenöl)*
- *einen blauen Stift*
- *einen der Hauptsteine*
- *ein weißes Blatt Papier*
- *ein kleines Glas kaltes Wasser (am besten Leitungswasser, es darf kein Mineralwasser mit Kohlensäure sein)*

- *eine Schere*
- *ein Haar von deinem Kopf (es sollte nicht kürzer als*
  3 Zentimeter sein)

So funktioniert der Zauber

Zünde die erste gelbe Kerze an und zeichne dann drei gleich große Kreise nebeneinander auf das Blatt. Zünde die zweite gelbe Kerze an und schreibe in jeden der Kreise deinen Vornamen. Hast du mehrere Vornamen, schreibst du nur den ersten! Drehe das Blatt nun so, dass dein Name auf dem Kopf steht, und zünde die erste blaue Kerze an. Halte das Haar zwischen Daumen und Zeigefingern beider Hände straff. Achte darauf, dass du es nicht zerreißt! (Passiert dir das doch, musst du die Kerzen löschen und von vorne beginnen!) Schließe die Augen und sprich deinen Vornamen dreimal langsam und leise aus. Öffne die Augen und teile das Haar in drei gleiche große Stücke. Lege jedes der drei Lorbeerblätter in einen der drei Kreise. Auf jedes Lorbeerblatt musst du ein Stück deines Haares legen und sofort danach die orange Kerze anzünden. Gib nun auf jedes Stück deines Haares eine kleine Menge Cumin. Drehe das Blatt danach sehr vorsichtig wieder um, sodass dein Name wieder zu lesen ist. Zeichne einen vierten Kreis auf das Blatt Papier und nimm den Sternzeichenstein in die rechte Hand (bist du Linkshänderin, nimmst du ihn in die linke Hand). Halte ihn fest umschlossen, bis du merkst, wie er sich erwärmt. Lege ihn nun in den vierten Kreis und gib je einen Tropfen Öl auf das Cumin. Warte etwa eine halbe Minute, bis sich das Öl und das Cumin gut miteinander verbunden haben, und lösche dann die beiden gelben und eine der blauen Kerzen. Nun nimmst du vorsichtig die drei Haarstücke von den Lorbeerblättern und legst sie in deine Handfläche. Lösche die zweite blaue Kerze und gib die Haarstücke in das Glas mit dem Wasser. Tauche sie mit dem Finger unter, sie dürfen nicht auf der Oberfläche schwimmen! Sobald sie untergegangen sind, löschst du die orange Kerze und der Zauber beginnt zu wirken!

Für diesen Zauber brauchst du:

- *sechs rote Kerzen*
- *eine Kerze in der Sternzeichenfarbe des anderen Menschen*
- *drei Rosenblätter (bekommst du keine frischen, kannst du auch getrocknete verwenden)*
- *drei Tropfen Lavendelöl für den Duftstein*
- *ein Haar des anderen Menschen*
- *ein weißes Blatt Papier*
- *einen Rosenquarz*
- *einen gelben Stift*
- *einen Stift in der Sternzeichenfarbe des anderen Menschen*

So funktioniert der Zauber

Zuerst zündest du drei der roten Kerzen an. Auf das Blatt Papier zeichnest du ein Dreieck und links davon einen Kreis. Rechts neben das Dreieck zeichnest du zwei gleich große Kreise. Zünde nun die vierte rote Kerze an und lege die beiden Rosenblätter in die beiden Kreise rechts neben dem Dreieck. Schließe die Augen und konzentriere dich auf das Gesicht des anderen Menschen. Wenn du es in deiner Vorstellung deutlich sehen kannst, sprichst du dreimal hintereinander leise und langsam seinen Vornamen aus. Öffne die Augen und zünde die beiden restlichen roten Kerzen an. Lege jetzt den Rosenquarz in den Kreis auf der linken Seite des Dreiecks und gib drei Tropfen des Lavendelöls auf den Duftstein. Nun zündest du die Kerze in der Sternzeichenfarbe an und sprichst den Namen des anderen Menschen dreimal mit geschlossenen Augen aus. Lege nun das dritte Rosenblatt in das Dreieck und darauf das Haar. Warte eine halbe Minute lang und nimm den Rosenquarz in deine rechte Hand. (Das gilt auch, wenn du Linkshänderin bist!) Wenn du merkst, dass der Stein sich erwärmt, löschst du zuerst die sechs roten Kerzen. Lege den Stein danach zurück in seinen Kreis und lösche sofort anschließend auch die Kerze in der Sternzeichenfarbe. Nach etwa fünf Minuten beginnt der Zauber zu wirken!

Die Fische
(20. Februar bis 20. März)

D ie Fische sind bestimmt das entspannteste Sternzeichen, denn sie gehen das Leben wirklich von der ruhigen Seite an. Sie träumen gerne ein bisschen vor sich hin und lassen sich selbst von der größten Hektik nicht aus der Ruhe bringen. Sie wissen zwar nie so ganz genau, was sie nun eigentlich wollen, sie sind sich aber sicher, schließlich doch irgendwie das Beste zu bekommen. Klar, dass andere Menschen manchmal ein bisschen komisch auf Fische reagieren und glauben, ein Fisch würde es nie „zu etwas bringen". Das ist purer Unsinn, denn in Wirklichkeit sind Fische auch sehr wache und aufmerksame Menschen. Sie sind treue und ehrliche Freunde und die besten Zuhörer. Du kennst bestimmt die Redewendung „Das letzte Hemd für jemanden geben". Auf die Fische trifft sie zu, denn sie tun für ihre Freunde wirklich alles! Ein Problem haben die Fische allerdings: Sie sehen nur das Gute im Menschen, und wenn sie verliebt sind, dann verlieren sie wirklich den Blick für die Realität! Auch der alte Spruch: „Liebe macht blind" passt also sehr gut auf Fische! Weil sie die Welt und das Leben manchmal wie durch die berühmte „rosarote Brille" sehen, erleben sie zwangsläufig viele Enttäuschungen.

Das Fische-Mädchen

Fische-Mädchen sind sehr zärtlich und können laute und grobe Menschen überhaupt nicht leiden! Sie sind zwar sehr gerne mit ihren Freunden unterwegs und lieben tolle Partys – eigentlich liegen sie aber lieber unter eine Decke gekuschelt auf dem Sofa und lesen ein spannendes Buch. Fische-Mädchen haben ein sehr gutes Gespür für Menschen und merken sofort, wenn etwas nicht stimmt oder jemand Probleme hat. Sie wollen und können anderen Menschen fast immer sehr gut helfen – nur bei sich selbst haben sie manchmal Schwierigkeiten. Fische-Mädchen sind viel empfindlicher und sensibler als die meisten anderen Sternzeichen. Gerade weil sie so einfühlsam sind, geht es ihnen manchmal ähnlich wie den Steinbock-Mädchen: Sie fühlen sich furchtbar einsam und ziehen sich zurück. Das passiert besonders dann, wenn sie verliebt sind und von einem Jungen enttäuscht wurden! Obwohl Fische-Mädchen eigentlich ziemlich wählerisch sind, suchen sie sich doch manchmal den falschen Jungen aus. Weil sie aber einfach zu romantisch sind, leugnen sie dies gegenüber sich selbst und ihren Freundinnen.

Verliebt sich ein Fische-Mädchen dann irgendwann in einen anderen Jungen, bleibt sie immer noch misstrauisch und versucht, sich vor einer weiteren Enttäuschung zu schützen. Deshalb hält sie auch einen bestimmten Abstand, der für eine Freundschaft aber auch hinderlich sein kann! Wenn ein Junge nicht auf sie eingehen kann oder will, ist das Fische-Mädchen wirklich genervt! Fische-Mädchen sind ja selbst sehr einfühlsam und erwarten das natürlich auch von den Jungen in ihrer näheren Umgebung. Schafft ein Junge das nicht, hat er bei einem Fische-Mädchen keine zweite Chance mehr!

Der Fische-Junge

Fische-Jungen sind fast immer sehr einfühlsam und werden deshalb von ihren Freunden häufig als „Weicheier" bezeichnet. Das haben sie allerdings wirklich nicht verdient, denn wenn es drauf ankommt, haben Fische-Jungen genauso viel drauf wie alle anderen Sternzeichen! Auf einen Fische-Jungen können sich seine Freunde hundertprozentig verlassen, auch wenn er manchmal ein bisschen unentschlossen scheint. Wenn Fische-Jungen sich verlieben, werden alle anderen Jungen ziemlich neidisch. Sie sind zwar zurückhaltend und manchmal sogar schüchtern, sie können aber die schönsten Gedichte und Liebesbriefe schreiben und ein Fische-Junge findet immer die richtigen Worte, wenn er ein Mädchen anspricht! Meist ist ein Fische-Junge allerdings zu vorsichtig! Wenn ein Mädchen nämlich nicht sofort reagiert, denkt er schnell, sie würde sich nicht für ihn interessieren. Weil er nicht plump sein will, zieht er sich

dann lieber zurück und startet gar keinen zweiten Versuch mehr. Mädchen die sich für Fische-Jungen interessieren, sollten also nicht zu lange warten, bis sie sich etwas anmerken lassen! Genau wie die Fische-Mädchen, können auch Fische-Jungen mit Enttäuschungen nicht besonders gut umgehen. Weil sie in einer Freundschaft sehr stark nach Harmonie und Ehrlichkeit suchen, ziehen sie sich schnell in ihr „Schneckenhaus" zurück, wenn sie einmal enttäuscht wurden.

Die Farbe der Fische

Die Farbe der Fische ist Blau! Diese Farbe nimmt den Fischen ein bisschen etwas von ihrer Empfindsamkeit und macht sie damit auch weniger verletzlich.

Die Steine der Fische

Die Fische haben vier Steine – zwei Haupt- und zwei Nebensteine. Die Hauptsteine Amethyst und Jade sind schon von Haus aus sehr mächtige Hexensteine, deshalb solltest du sie nie gemeinsam anwenden! Anders ist das bei den beiden Nebensteinen, dem Goldfluss und dem Türkis. Um ihre Kraft zu verstärken, solltest du sie immer zusammen tragen!

Diese Sternzeichen passen besonders gut zu den Fischen:

- Steinbock
- Stier
- Skorpion
- Krebs
- Fische
- Jungfrau (Achtung: Eine Jungfrau passt entweder sehr gut oder gar nicht zu einem Fisch!)

Diese Sternzeichen passen nicht besonders gut zu den Fischen:

- Widder
- Löwe
- Wassermann
- Waage
- Schütze
- Zwilling
- Jungfrau (Wie gesagt: Eine Jungfrau kann sehr gut, aber auch sehr schlecht zu einem Fisch passen!)

Zauber für die Fische

Wovon manche Sternzeichen ein bisschen zu wenig haben, davon haben die Fische fast zu viel: Empfindlichkeit! Sie haben einfach kein dickes Fell und sind viel schneller gekränkt und beleidigt als andere Sternzeichen. Einfacher wäre es natürlich, wenn sie sich nicht alles so sehr zu Herzen nehmen würden! Ich habe deshalb einen sehr starken Zauber für weniger Empfindlichkeit ausgesucht, den du allerdings nur jeden dritten Tag anwenden darfst! Der Liebeszauber, den ich ausgewählt habe, stammt von einer sehr bekannten arabischen Hexe aus dem 12. Jahrhundert und hilft auch gegen zu viel Distanz. Mit einer gewissen Distanz kann man sich zwar gut vor weiteren Enttäuschungen schützen, aber sie ist keine gute Voraussetzung für eine Freundschaft!

Der starke Zauber gegen zu viel Empfindlichkeit

Für diesen Zauber brauchst du:
- *eine grüne Kerze*
- *eine blaue Kerze*
- *eine gelbe Kerze*
- *ein weißes Blatt Papier*
- *einen grünen Stift*
- *einen blauen Stift*

- einen roten Stift
- einen halben Teelöffel Salz
- eine Wacholderbeere
- einen der Hauptsteine
- vier Stücke schwarzen Faden (jeweils fünf Zentimeter lang)

So funktioniert der Zauber

Zuerst zündest du die grüne Kerze an. Zeichne nun einen großen grünen Kreis auf das Blatt. In den Kreis zeichnest du mit dem blauen Stift ein Dreieck, dessen Spitze nach oben zeigt. Die Ecken des Dreiecks müssen den Rand des Kreises fast berühren! Zünde jetzt die blaue Kerze an und zeichne mit dem roten Stift ein kleines Quadrat rechts neben den grünen Kreis. Nimm den Hauptstein in die rechte Hand (wenn du Linkshänderin bist, in die linke) und warte, bis er warm wird. Lege den Stein nun in das rote Quadrat und zünde die gelbe Kerze an. Jetzt legst du die vier Fadenstücke in den grünen Kreis, und zwar so, dass sie ein Quadrat bilden. Achte darauf, dass die Seiten des Quadrats die Seiten des Dreiecks überschneiden! Sieh dir das Dreieck und das Quadrat nun an. Du musst sie dir genau einprägen! Nimm das Salz mit den Fingerspitzen auf und streue es mit geschlossenen Augen vorsichtig in das Quadrat. Außerhalb des Quadrats darfst du kein Salz verstreuen! Öffne die Augen und lösche zuerst die blaue und danach die grüne Kerze. Mit der Spitze deines rechten Zeigefingers (bist du Linkshänderin, nimmst du den linken) zeichnest du nun langsam und vorsichtig einen sehr kleinen Kreis in das Salz. Es darf kein Salz über die Seiten des Quadrates hinaus verschoben werden! Lösche sofort danach die gelbe Kerze und der Zauber beginnt zu wirken!

Der Liebeszauber gegen Abstand

Für diesen Zauber brauchst du:
- zwei rote Kerzen
- zwei rosa Kerzen
- eine Kerze in der Sternzeichenfarbe des Menschen, um den es geht

- eine Messerspitze getrockneten Dill
- zwei getrocknete Rosenblätter (du darfst auf keinen Fall frische Blätter verwenden)
- drei Tropfen Wasser
- ein blaues Blatt Papier
- einen schwarzen Stift
- eine Nadel (am besten nimmst du eine Stecknadel)
- einen Tropfen Patschuliöl für den Duftstein

So funktioniert der Zauber

Zünde zuerst die beiden roten Kerzen an. Mit der Nadel stichst du nun in die Mitte des Papiers den Umriss eines Kreises von etwa fünf Zentimeter Durchmesser. Für diesen Umriss musst du genau 19 Stiche machen – auf keinen Fall mehr oder weniger! Entzünde nun die erste rosa Kerze und zeichne vier kleine Kreise auf das Blatt. Drei davon rechts neben den „Nadelkreis", einen links daneben. Lege jetzt das erste Rosenblatt in einen der Kreise auf der rechten Seite und sprich dabei leise und langsam den Vornamen des anderen Menschen aus. Gib nun vorsichtig den Dill in den kleinen linken Kreis. Achte darauf, dass dabei nichts über den Rand des Kreises gerät! Entzünde nun die zweite rosa Kerze und gib den Tropfen Patschuliöl auf den Duftstein. Stelle den Duftstein in einen der Kreise auf der rechten Seite und warte eine halbe Minute. Jetzt zünde die Kerze in der Sternzeichenfarbe an. Lege das zweite Rosenblatt in den letzten der freien Kreise auf der rechten Seite. Nun tauchst du die Spitze deines rechten Zeigefingers in das Wasser und tippst mit der Fingerspitze einmal vorsichtig in die Mitte des Nadelkreises. Schließe die Augen, lasse deinen Finger auf dem Papier liegen und sprich langsam und leise den Vornamen des anderen Menschen aus. Wiederhole dies dreimal! Warte nun eine Minute und lösche zuerst die beiden roten und danach die beiden rosa Kerzen. Sobald du nun auch die Kerze in der Sternzeichenfarbe gelöscht hast, beginnt der Zauber zu wirken!

KARIN SCHRAMM

Zauberhafte Hexensprüche

Liebe, Glück und Freundschaft

112 Seiten | ISBN 3-8025-2733-X
vgs verlagsgesellschaft, Köln

Liebeskummer? Stress mit Freunden, Eltern oder Lehrern? Alles geht schief, und man kann nichts dagegen machen! Oder etwa doch? Nun, wer daran glaubt, kann es mit Magie und Zauber versuchen. Dieses Buch enthält praktische Tipps, wie man mit kleinen „Hexereien" seinem Glück auf die Sprünge helfen kann, sei es in der Liebe, in Schule und Beruf oder in Bezug auf Gesundheit und Wohlbefinden.

MARIA MAY

Powerbeads
Die Macht der Steine

Nutze die mystische Kraft der Steine!

64 Seiten, farb. Abb. | ISBN 3-8025-2759-3
vgs verlagsgesellschaft, Köln

Alte Heilkraft, neuer Trend. Madonna, Richard Gere, Naomi Campbell und Stefan Raab tragen die schicken Powerbead-Armbänder nicht nur, weil sie ultra-trendy sind. Von alters her werden den Steinen Kräfte zugeschrieben, durch die sie Einfluss auf Körper, Seele und unser Handeln nehmen. In diesem Buch erfährst du, wie Powerbeads wirken, warum z.B. dein Sternzeichen bei der Auswahl der Steine wichtig ist und wie du das zu dir passende Powerbead findest.

MARIA MAY

Zauberpower

Magische Hexentipps

112 Seiten | ISBN 3-8025-1451-3
vgs verlagsgesellschaft, Köln

Wenn Hexen zaubern, muss keiner dabeistehen und zusehen. Mitmachen ist die Devise! Denn Magie ist nichts, wovor man sich fürchten muss. Im Gegenteil: Magie ist dazu da, im Alltag genutzt zu werden. Zauberei und Hexensprüche helfen dir, dich stärker zu fühlen und selbstbewusster zu sein. Maria May zeigt, was alles möglich ist, wenn man an sich und seine verborgenen Kräfte glaubt und sie zu nutzen weiß.

MAJA SONDERBERGH

Das Buch der Schatten

112 Seiten | ISBN 3-8025-2850-6
vgs verlagsgesellschaft, Köln

Jede Hexe hat ihr eigenes Buch der Schatten. Es enthält das gesamte Wissen, das sie im Laufe ihres Lebens gesammelt hat. Die erfahrene Hexe Maja Sonderbergh eröffnet dir jetzt ihr Buch der Schatten:
Der richtige Umgang mit Hexenwerkzeugen, die Selbstinitiierung, der korrekte Ablauf von Kerzen- und Spiegelritualen, traditionelle und moderne Hexensprüche – das alles und vieles mehr kannst du in diesem Buch der Schatten nachlesen. Viele Tipps, Hinweise und praktische Übungen machen den Einstieg in das alte und neue Wissen der Hexen ganz einfach.

www.vgs.de